ネット・SNSの危険から子どもを守れ！

―教師・親のための早わかりbook―

原早苗　坂本かよみ／編著

公益社団法人
日本消費生活アドバイザー・コンサルタント・相談員協会（NACS）ICT委員会／著

ぎょうせい

はじめに

　今、子どもたちは、スマホを使って、動画を見たり音楽を聴いたり、ゲームやSNSでのやりとりなどを楽しんでいます。また、勉強の調べ物でもスマホを活用するようになりました。多くの子どもたちにとって、スマホは必需品となっています。

　一方で、スマホの利用による弊害も起きています。

　睡眠時間が短くなったり、勉強に集中できなくなるなど、生活のリズムが乱れる子どもも増えてきています。ネットショッピングで買った物が偽物だったという消費者トラブルや、SNSのやりとりがきっかけでいじめにあった、見知らぬ人と会う約束をして犯罪に巻き込まれそうになった、さらには加害者になったケースなど、深刻なケースを含めて大小さまざまなトラブルが起きています。

　インターネットは、利用の仕方によっては、便利で豊かな日常を送る道具にもなり、使い方を誤れば人生を左右するような危険な目にあう道具にもなりえるという両面があります。

　現実（リアル）の社会では、大人は子どもに社会のルールを教えますが、スマホを含めたネットの使い方は子どもに適切なアドバイスが十分できていない状況があります。

　インターネットの世界は日進月歩で新たなサービスが次々に生み出されるため、大人も子どももそのしくみや特性を理解できないまま利用していることや、ネットリテラシーが行きわたっていないことが要因のひとつと考えられます。

　情報通信速度を速めた５Gの社会が展開するなかで、政府は、IoTやAI、ロボットなどを活用した経済の発展と人々の豊かな暮らしを実現

する Society5.0 の社会を提言しています。また文部科学省では、GIGA 構想（一人に一台の端末）を打ち出し、新学習指導要領のもとで「情報活用能力の育成・ICT 活用」教育の本格的な取り組みが始まっています。さらに、2021 年 9 月には、デジタル庁の創設が予定されています。

　こうした状況を受けて（公財）日本消費生活アドバイザー・コンサルタント・相談員協会（NACS）ICT 委員会は、教師や保護者など大人が子どもたちとスマホの利用の仕方を話題にするときのきっかけになる本を書きたいと考えました。
　本書は、インターネットやスマホのしくみをわかりやすく解説するとともに、具体的なネットトラブルの事例をとおして、スマホを利用するときのルールや注意点を解説しています。
　子どもたちが、学校の授業や家庭でネット社会のさまざまなルールを学ぶことができるように、教師や保護者をはじめ子どもに接する多くの方々に本書を活用していただきたいと願っています。

　本書の作成にあたり、ネット知識については株式会社ラック　サイバー・グリッド・ジャパン副 GM の吉岡良平先生に、法律知識については弁護士の堀川直資先生からアドバイスをいただきました。皆さまにお礼を申し上げます。

　2021 年 5 月

執筆者一同

目　　次

II　トラブルを防ぐために大切なこと

第2章　インターネットのなかのさまざまな危険

第5章　さまざまなトラブル事例と解決方法……128

Ⅲ　教師や保護者は子どもとどう向き合うか
―子どもとつくるルール―

資料編

I

子どもを取り巻くネット環境

第1章　インターネットが欠かせない生活

（1）ICT化が進む生活

　インターネットは、四半世紀ほどの間に目覚ましい勢いで人々の生活のなかに浸透しました。日常生活の多くでICT化（注）が進み、インターネットにつながるスマートフォン（以下スマホ）が手放せない生活スタイルになっています。

　（注）ICTとは、Information and Communication Technologyの略です。情報通信技術を指し、情報技術（IT）をコミュニケーションに生かしたサービスのことです。私たちが日頃使っているSNSや検索サイトなどもその一つです。

　さらに最近では、外出先からスマホで家電製品を操作し、家に帰ったら、部屋が暖かくなっていて、お風呂が沸いて、ご飯が炊き上がっているという便利な生活スタイルも登場しています。「IoT」（Internet of Things：モノのインターネット）と言い、さまざまなものに通信機能を持たせて、インターネット経由で遠隔操作するしくみです。

　家電製品だけでなく、ドアや照明器具など生活の中のさまざまなものにインターネット接続機能を持たせることができます。一人暮らしの高齢者では、ペットロボットが話し相手になったりIoT機能による見守りなどにも活用されています。

　日常生活だけでなく、農業分野でもビニールハウス内の土壌温度、湿度、日照時間などのデータをスマホに送り遠隔管理することで労働力の軽減や生産量の向上に役立っています。医療分野では、レントゲンやMRIなどの遠隔画像診断などで活用されています。防災分野でも活用が進んでいます。

IoT 化する生活

携帯で操作

参考資料：身近な IoT 事例（マナミナ）https://manamina.valuesccg.com/articles/813

（2）変化する子どもの遊び道具

　生活のオンライン化にともない、子どもたちの遊びもインターネット
に接続したものが増えています。

　内閣府の「令和元年度　青少年のインターネット利用実態環境調査」
では1歳未満の乳児でもスマホやタブレット、インターネット接続テレ
ビなどで遊んでいるという結果が報告されています。

　幼い頃から、たとえば、おもちゃに内蔵したカメラがとらえた映像が
スマホやタブレットに映し出され、子どもがその映像をみて楽しんだ
り、オンラインで知らない人とチームを組んでゲームをする方法や、ス
マホ専用アプリと連動させてボイスチャット（音声によるやりとり）を
しながらゲームを楽しむなど、インターネットが身近にある生活を送っ
ています。

　幼児が、テレビCMになるとテレビの画面をスワイプ（指送り）して
別画面にしようとする笑い話のようなエピソードもあります。

（3）学校でも端末が一人一台に

　2019 年 12 月に文部科学大臣は、「社会のあらゆる場所で ICT の活用が日常のものとなっており、社会を生き抜く力を育み、子供たちの可能性を広げる場所の学校が、時代に取り残され、世界からも遅れたままではいられない」というメッセージを発し「GIGA スクール構想」を打ち出しました。

　「GIGA スクール」とは、児童生徒に一人一台の端末を配置し、子どもたちを誰一人残すことなく公正に能力を育成できる ICT 環境を実現することで、「ICT 活用教育アドバイザー」（ICT 整備計画の作成など）、「GIGA スクールサポーター」（端末等使用マニュアル作成など）、「ICT 支援員」（日常的な教員の支援を行う）など外部の専門家の支援を受けて進められる計画です。

　全国の教育委員会や学校などでは、「GIGA スクール通信」（東京都北区、神戸市教育委員会）や「とっとり ICT 活用ハンドブック」（鳥取県教育委員会）の発行など動き出しています。

　また、2017 年 3 月に公示された小学校・中学校の新学習指導要領では、情報活用能力の育成として、情報セキュリティや情報モラル、プログラミング的思考、統計などの能力を育むことが提示されています。

　2021 年 3 月末時点の公立の小学校、中学校、義務教育学校などの端末整備状況は、全自治体等の 97.6％となる見込みであり、それぞれの自治体や学校では、さまざまな ICT 教育が動き出しています。

「GIGA スクール」の実現、ICT を活用した学びの例

・一人ひとりが様々な情報にアクセスし、主体的に情報を選択する
・分析した情報を、プレゼンソフトでわかりやすく加工し発表する
・文書作成ソフトで文章を書き、コメント機能等で助言しあう
・正多角形の基本的な性質をもとに、プログラミングを通して正多角形の作図を行う
・一人ひとりが海外の子供とつながり、英語で交流・議論を行う

参考：文部科学省「GIGA スクール構想の実現へ」

（4）子どものスマホ事情

　「友だちがスマホを持っている」「自分だけ持っていないので仲間外れにされる」などと、子どもからねだられる親が多くいます。

　内閣府の「令和元年度 青少年のインターネット利用環境実態調査」（満 10 歳から 17 歳の青少年 5,000 人を対象）では、スマホを利用している割合は小学生が 43.5％、中学生が 69.0％、高校生では 92.8％と 9 割以上に達すると報告しています。

　今後、学校の ICT 化が進むため、ますます子どものスマホ所有率が増加すると思われます。

　こうしたなか、大規模災害時の対応などを理由に、一部保護者から携帯電話の学校への持ち込み禁止に対する改善要望が出たことに対して、文部科学省は、「学校における携帯電話の取扱い等に関する有識者会議」（2020 年 6 月）において、小学生は原則禁止（緊急連絡手段など、例外的な措置がある）のままとし、中学生は原則禁止としつつも以下のような条件のもとで携帯電話（スマホなど）を学校に持ち込むことを認めるという考え方を示しました。

⑴　学校と保護者が主体的に考えて、生徒が自ら律することができるようなルールを協力してつくる機会を設けること

⑵　学校における管理方法や、紛失等のトラブルが発生した場合の責任の所在が明確にされていること

⑶ 保護者の責任でフィルタリングの設定がされていること

⑷ 携帯電話の危険性や正しい使い方に関する指導が学校及び家庭において適切に行われていること

コラム スマホだけでない、さまざまな情報通信機器

スマートフォン	・パソコンと同様の性能がある携帯電話機。
キッズケータイ キッズスマホ	・子どもの安全を守る機能が詰め込まれた携帯電話機。居場所を把握するGPS機能や、防犯ブザー、子どもの帰宅を保護者に通知する機能など。 ・インターネットやアプリ、カメラなどにさまざまな機能制限をかけることができ、多くは通信料金も月額料金1千円以下。
フィーチャーフォン （ガラケー）	・着うた、着メロ、携帯でテレビをみる（ワンセグ）など、日本国内用に設計された独自の規格の携帯電話機。 ・日本国内に限られた（独立した）環境で独自に発展を遂げたことからガラパゴス諸島の生態系の推移（ガラパゴス化）にちなんで、ガラパゴスケータイ（＝ガラケー）と呼ばれている。
タブレット端末	・A4からB6サイズのタッチパッド式デジタル機器。 ・パソコンの基本的機能を備えており、学習用や大型スマホなど、さまざまな用途に使えるので幅広い世代に人気がある。SIMが入っているものと入っていないものがある。
スマートスピーカー	・AIスピーカーともいう。 ・専用端末に音声で指示すると、AIが音声を認識して、調べ物や家電の簡単な操作などを行うことができる。
携帯型ゲーム機	・小型で持ち運べるゲーム機。オンラインゲームをするため、インターネットに接続できる。 ・ゲーム専用ではなく、音楽を聴くこともできる。
据置型ゲーム機	・家庭用ゲーム機ともいう。持ち運ばず、家庭内に置いてテレビなどに接続して遊ぶゲーム機。 ・本体にコントローラーを接続する製品が多い。携帯型ゲーム機同様、インターネットに接続できる。

第2章　知っているようで、実はよく知らないインターネット

第❶節　インターネットとは？

　インターネットは、ひとことでいうと、世界中のコンピュータをつなぐネットワークのことです。

　鉄道は人やモノを運び、電線は各家庭に電気を運んでいますが、インターネットは電気信号で情報を運んでいます。世界中にある無数のコンピュータや情報機器をケーブルや無線通信でつなぎ、さまざまな情報を運んでいるのがインターネットです。

　インターネットは、原則的には国境がありません。インターネット全体を一括で管理する責任者もいないのです。

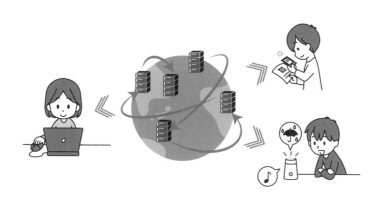

世界中のコンピュータをつなぐ

　コンピュータとは、約束事に沿った手順（プロトコル）に従って複雑な計算を指示によって行う機械です。スマホは、小型のコンピュータで

す。タブレット端末、ビデオゲーム機、スマートスピーカーなども同様の機能を持っています。

　スマホ、タブレット、パソコンは、サーバにつながり、ひとかたまりのネットワークをつくります。そのサーバが世界中の無数のサーバとつながって全体でネットワークとなったのがインターネットです。

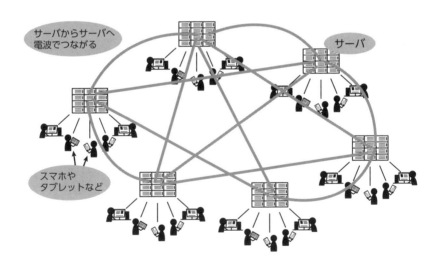

| コラム | インターネットの歴史

　インターネットは、1960 年代にアメリカの大学同士でインターネットをつなぐ実験や研究がされたのが始まりです。日本のインターネットは、1984 年に大学間の研究をつなぐために開発されたのが始まりです。

　1992 年に商用インターネットプロバイダが誕生し、1995 年にWindows95 の発売によって一般に普及し始めました。2007 年にアップル社が iPhone を発売するとスマホが主流の時代に移行し、市民生活のなかにインターネットが浸透していきました。人と人とが対面する社会からインターネットを介した非対面でハイスピード、効率的なやりとりが行われる社会へと大きく変化しました。

　『情報通信白書』（令和 2 年版）によると、2019 年のインターネット利用率（個人）は 89.8% で、端末別ではスマホが 63.3% となっています。世界中のインターネット利用者総数は、2020 年時点で 45 億人を超えていると言われています。

参考：総務省『情報通信白書』（令和元年版、2 年版）

第2節　つながるしくみ

（1）通信回線でつながる

　メールや動画などの情報のやりとりをするためには、通信回線が必要です。通信回線は、メールや動画などを IP パケットという電子データで遠く離れた相手に送る役割を担っています。道路に、高速道路、国道、市道などさまざまな種別があるように、回線にも、たくさんの種類があります。

インターネット通信回線の種類

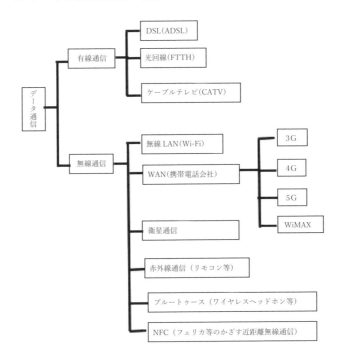

知っておきたい法律 電気通信事業法

　電気通信事業法は、事業者に電気通信事業を適正に運営させ、電気通信サービスが円滑に提供されるようにするための法律です。

　一般の事業者が自由で多様な事業展開ができるように新規参入や料金などの規制を緩和し、特定の事業者（主要なネットワークを保有するNTT東西や携帯電話事業者）に対しては、そのネットワークを利用する事業者に公平な条件などでサービスを提供できるように、公正な競争ルールなどを整備運用することなどを規定しています。

　さらに、契約前の説明義務や契約後の書面交付、初期契約解除制度といった消費者保護のルールが定められています。

LAN（ラン）とWAN（ワン）

LANは、Local Area Networkの略で、閉じられたネットワークの単位であり、有線や無線でつながったコンピュータ群を意味しています。

WANは、Wide Area Networkといい、主にLAN同士を接続しており、広域なネットワークを指します。地理的に離れた地点間を結ぶ通信ネットワークで、携帯電話会社が携帯電話をつなげているネットワークもある意味で、WANと言えます。

3G、4G、5G（世代移動通信システム）

WANの一種で、携帯電話会社が運営している無線通信システムです。Gはgeneration（世代）の略で、世代が進み、数字が大きくなるほど高速・大容量で送受信ができます。

2020年から5Gサービスが開始されましたが、Beyond 5G（6G）の検討がすでに始まっています。

1G	1979年から、携帯電話が珍しい時代の通信システム。
2G	1993年からデジタル方式によるサービス開始、メールなどのデータ通信が可能になった。ガラケーが人気になる。
3G	2001年から開始。2007年アップル社のiPhoneが登場、通信速度が飛躍的に早くなった。画質や音質が飛躍的に良くなった。
4G	2010年からサービス開始。画質の高い動画配信サービスもスマホで見ることができるようになった。IoT（もののインターネット）の基盤となっている。
5G	超高速通信、超低遅延通信、多数同時接続が特徴で、2020年からサービス開始。車の自動運転や遠隔手術などの技術や、スポーツ観戦などが選手の側にいるような臨場感を感じられる。

参考：『情報通信白書』（令和2年版）

Wi-Fi（ワイファイ）とは

Wi-Fiとは、無線でネットワークに接続する標準的な規格で、Wi-Fiをサポートした機器は相互に接続することができます。

昨今のスマホやパソコンは Wi-Fi の規格に準拠しており、無線接続用のアクセスポイントに接続することで、そのネットワークがインターネットに接続されていればネットにつながります。

家庭内の LAN

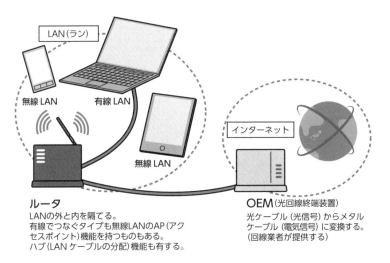

ルータ
LANの外と内を隔てる。
有線でつなぐタイプも無線LANのAP（アクセスポイント）機能を持つものもある。
ハブ(LAN ケーブルの分配)機能も有する。

OEM(光回線終端装置)
光ケーブル（光信号）からメタルケーブル（電気信号）に変換する。
（回線業者が提供する）

| コラム | 無料のフリーWi-Fi は危険？ |

　公衆無線 LAN（Wi-Fi）には、有料スポットと無料スポットがあります。総務省（「公衆無線 LAN セキュリティ分科会」2018 年 3 月）の報告書によると、2020 年度末時点の公衆無線 LAN 利用者数は、約 6,400 万人と予測されています。

○有料スポット

　通信の内容を他人に読み取られないようにデータが暗号化され、パスワード入力が必要です。

○無料スポット（フリーWi-Fi）

　多くのフリーWi-Fi は、アクセスポイントとスマホの間の電波が暗

号化されていますが、空港やコンビニエンスストアの中には、暗号化されていないスポットもあります。こうしたネットワークでは、悪意のある利用者から不正なアクセスを受け、通信を覗き見られたり、ファイル等を搾取されるような場合もあります。また、偽のアクセスポイントに接続させられたりすると暗号化していても、データそのものが盗まれ、じっくりと時間をかけて暗号を破り、情報を盗み見られることがあります。

　フリーWi-Fiは、セキュリティ面でリスクがあるという意識を持ち、会員サイトにログインしたりクレジット情報を入力するなど、個人情報を入力する操作は行わないことが大切です。

○野良Wi-Fi

　家庭用などでパスワードを必要としないものや、簡易なパスワードで外部者が容易に接続できてしまう市中の無線Wi-Fiルータなど、誰が提供しているかわからないフリーWi-Fiを「野良Wi-Fi」と呼んでいます。利用してしまうと、通信内容の傍受など不正アクセスを受ける等の危険性が高まります。野良Wi-Fiは利用しないようにしましょう。

○なお、有料・無料にかかわらず、一度接続したWi-Fiのネットワーク情報はスマホ等の端末に自動で登録され、パスワード不要のフリーWi-Fiの場合、次回からは自動で接続されます。子どもが、ファストフード店などでフリーWi-Fiを使ってインターネットに接続して、有害サイトなどを見ている場合もあります。子どものゲーム機をチェックして、見たことのないWi-Fiのネットワーク名が出てきた場合、家族でよく話し合って削除するなどの対策が必要です。

（2）プロバイダの役割

　通信回線を契約すると、次は、インターネットに接続する手続きを行います。その会社を、プロバイダ（インターネットサービスプロバイダ（Internet Service Provider：ISP）の略）と言います。世界中には非常に多くのプロバイダがあります。

　プロバイダは、インターネットにつなぐための IP アドレス（記号）を発行しています。IP アドレスとは、ネットワーク上でデータを送受信する際、通信相手を指定するための識別番号のことです。プロバイダは、メールアドレスの発行や、レンタルサーバ、セキュリティ、Wi-Fi などさまざまな独自サービスを提供しています。

インターネットで Web ページを見る仕組み

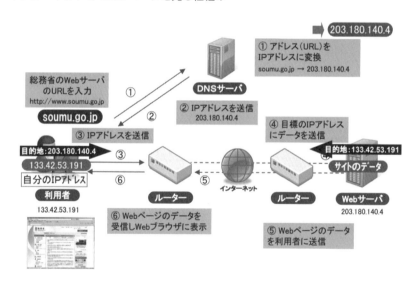

出典：総務省　社会・産業におけるＩＣＴシステムの役割についての啓発教材⑤〜インターネット〜https://www.soumu.go.jp/main_content/000142211.pdf

（3）はじめてスマホを契約する

　スマホを契約するには、パソコンと同じように端末（スマホやタブレットなど）の購入とプロバイダ契約、回線契約が必要です。多くの場合は、携帯電話会社でスマホの契約をするときにすべてをセットで契約しています。

　格安スマホの場合は、自分であらかじめ用意した端末を使うので、通信契約のみを行うのがほとんどです。

| まめ知識 | 格安スマホとは |

　格安スマホの会社は、MVNO（Mobile Virtual Network Operator）と呼ばれ、大手携帯電話会社（MNO：Mobile Network Operator）が持っている通信回線の空いている部分を借りて、通信契約を提供しています。基地局などの通信設備を持たないため月々の利用料金が安くなっています。格安スマホとは、格安 SIM カードを販売してスマホサービスを提供することです。格安スマホを販売する会社を選ぶときは、携帯電話会社や通信環境により、通信速度などが変わるので、どこの大手携帯電話会社の回線を使っているかチェックが必要です。

　なお、格安スマホのシェアは、2020 年 9 月末時点で契約数は 2,560 万件で、移動系通信の契約数の 13.4％ です。（総務省統計）

　SIM カードとは、通信をするために必要な情報などが記録されている IC カードのことで、SIM カードがないとインターネットなどの通信ができません。

（4）アカウント（ID・パスワード）の取得

　アカウントとは、インターネット上のサービスを利用するための権利

のことで、スマホや SNS、ショッピングサイトを使うための会員登録のようなものです。

　スマホを契約するとき、SNS やゲームをするためにアプリをインストールするときなどアカウント登録が必要です。

　アカウントは、通常、「ID」と「パスワード」をセットにして、本人確認を行います。「ID」は、個人を識別するもので、会員番号や名前にあたります。メールアドレスを ID にした場合はアドレスを変える時に変更可能ですが、そうでない場合は、一度作成したら退会まで同じ「ID」を使っています。パスワードは、本人確認をするための暗証で、鍵の役割を果たします。

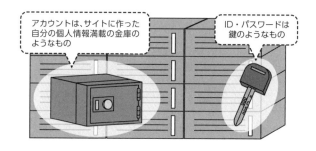

コラム　パスワード設定するときの注意点

　パスワードは、他人に絶対に知られてはいけません。

　パスワードが盗まれて不正にログインされると、本人になりすまして個人情報を盗まれるなどの悪用をされる危険があります。

①同じパスワードを複数のサイトで使わない。

　　利用しているサイトでパスワードを含んだ情報が漏えいすると、その情報を利用して他のサイトにログインされる可能性が生じます。

②パスワードを書いた紙を端末のそばに置かない。

　　個人情報を盗む犯人は身近な人物だったというケースもあるので、家族でも見られないような工夫をする。

③IDやパスワードに、生年月日など個人情報はそのまま使わない。

　　愛犬の名前などは、SNSでの会話で出てくる可能性があるので、そのまま使わず、変形するなど工夫する。

④自分だけが覚えやすい単語や文章の一部の文字を抜くなど、自分なりの法則をつくって管理する。

　　最近は、パスワード管理ツールやアプリもあります。また、ネットバンキングなどではセキュリティを一層強化する必要がある場合に使う一回限りのワンタイムパスワードもあります。

まめ知識　セキュリティを強化する「二段階認証」「多要素認証」

　　現在、さらにセキュリティを厳しくした二段階認証や多要素認証が使われています。

　　二段階認証とは、「IDとパスワード」のほかに、SMSなどの認証作業をすることです。認証を二段階に分けて行い、クリアした場合に本人と認証されます。

　　多要素認証は、複数の認証要素を組み合わせた認証です。たとえば「知識認証」（自分だけが知っているパスワード、秘密の合言葉等）「所持認証」（自分が所持しているスマホへSMSで送信されるリンタイムパスワード等）「生体認証」（指紋、虹彩、顔等）の３つの認証要素をすべて組み合わせたものが三要素認証です。多要素認証は複数の条件を満たすことでセキュリティを向上させているため、現在は、多要素認証を設けることが推奨されています。

第3章　インターネットの特徴を知る

　世界中の個人や企業、銀行、クレジット会社、商社やメーカー、デパートやスーパー、飲食店、専門店、病院、官公庁、NPO などがインターネットを介してコミュニケーションや情報提供、Web 手続きなどを行っています。

　インターネットを使えば、居ながらにして買い物ができ、外国にいる友人との交流や知らない人とも趣味の会話を楽しむことができ、欲しい情報も一瞬で探すことができます。時間を効率的に使うことができ、選択肢が格段に多くなりました。

　一方で、悪意を持ってインターネットを利用する人とも簡単につながってしまうという危険もあります。

　インターネットは、便利なものだけに一定のリスクも存在します。スマホを使うときは、インターネットの特徴を理解して上手に使うことが求められています。

（1）インターネットのメリット

（2）インターネットのデメリット

架空請求：アダルトサイト・情報商材など

著作権：他人の著作物を勝手に公開など

炎上

個人情報：無防備に自分や友達の個人情報をアップ

いじめ：誹謗中傷、仲間外れ

詐欺

ウイルス

オンラインゲーム：高額課金、依存症

刑事事件：誘拐、児童ポルノ、ストーカー、リベンジポルノ、規約違反など

かたよった情報

（3）さまざまなアプリ

　アプリとは、アプリケーションソフトのことです。スマホなどの OS（基本ソフト）上で動くソフトウエアで自分のやりたいことを行うために必要なソフトです。

　アプリには無料と有料のものがあり、専門業者などの企業がつくったもの、個人がつくるものなど多種多様です。

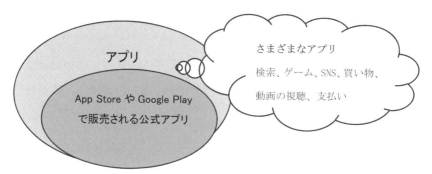

　スマホには、App Store や Google Play という OS 事業者の公式アプリ提供サイトがあります。

　App Store や Google Play では、提供するアプリを自社で事前審査しています。具体的には、マルウェアが潜んでいないか、不快・有害・危険な内容ではないか、違法性はないかなどを自社の基準に則って審査を行い、アプリの適応年齢（レーティング）も表示しています。携帯電話会社ストアでも、審査したアプリを提供しています。

　しかし、膨大な数のアプリがあるため、審査を通ったのちに、改変され不正になったなど、問題のアプリがまったくないとは言い切れません。

　App Store や Google Play や携帯電話会社のストア以外の、たとえば検索などで探した非公式 Web サイトや、メールや SNS の投稿からもアプリを入手できます。こうしたアプリは、「大手企業からのメッセージ

だと誤解させて SMS（電話番号メール）から誘導され、不正アプリを
ダウンロードした」「人気アプリだと思ってダウンロードしたら、気づ
かないうちにバックドア（裏口）をつけられて知らないうちに情報を詐
取された」「マルウェアに感染させられてコンピュータが不正な動作をす
るようになった」等のトラブルになるものも多いので、注意が必要です。

　提供元が不明な Web サイトからのアプリは危険性が高く、スマホを
不正に操作したり、情報を抜き取られたり、不正サイトに誘導する広告
をしつこく表示するなどの問題を起こします。

　アプリをダウンロードするときは、公式サイトであっても、提供する
会社概要、プライバシーポリシーや利用規約が表示されていることを確
認し、規約内容をチェックすることが大切です。

（4）多様な広告

　インターネット広告市場は年々増加しています。（株）電通が 2020 年
3 月 11 日に発表した「2019 年 日本の広告費」によれば、2019 年度の
インターネット広告費は約 2 兆 1,048 億円になりテレビメディア広告費
1 兆 8,612 億円を抜きました。

　インターネット広告には、ターゲティング広告、アフィリエイト広告
などさまざまな広告の種類があります。

　インターネット広告の特徴の一つに、ネット上に記載した内容を容易
に変更できることがあります。このため、購入後に「偽物だった」「詐
欺的な商法につながった」などのトラブルになったとき、広告内容が変
わっていたり、サイトが消えることもあり、解決が困難になります。

コラム　自分をターゲットにした広告がくるワケ

　たとえば、ハンドバックを購入した後に、Facebook を見ると、Facebook の広告欄にハンドバックの商品広告が表示されることがあります。

　ユーザー（利用者）が行ったインターネットの検索履歴や SNS での行動履歴を集めて、ユーザーの趣味や関心事を分析、興味・関心を推測して、そのユーザーにターゲットを絞った広告を「ターゲティング広告」と言います。

　広告会社には、関心がある人に絞って広告をするため、広告効果が高まるというメリットがあります。一方で、ユーザー側には、「プライバシーの侵害と感じる」「同意したつもりはない」「自分の意思を誘導されている気がする」など否定的な意見が３割ほどあります。（消費者庁「デジタルプラットフォーム利用者の意識・行動調査」2020年５月）

【ターゲティング広告を抑制する方法】

①クッキー（Web サイトを閲覧した履歴）の無効化

　最近は、無効化するかどうかを聞く画面が出ることもあります。

②広告主がオプトアウト（広告の停止）の方法を提供している場合、広告画面の上部または下部の隅にある「i」マークをタップすると停止できます。

（5）知らない人とつながる SNS

　SNS は、Social Networking Service（ソーシャルネットワーキングサービス）の略で、インターネットを通じて人と人がつながりコミュニケーションを促すことを目的としたサービスです。

　日本では、LINE（ライン）・Twitter（ツイッター）・Facebook（フェ

イスブック）・Instagram（インスタグラム）などが多くの人に利用されています。この他にも、同窓会やビジネスに特化したSNSなど、多種多様なSNSが登場しています。国や地方自治体もSNSを通じて情報発信をしています。

　子どもがスマホで利用する内容は、小学生は「動画視聴」「ゲーム」に次いで「SNS」が3位ですが、中学生になると「SNS」は2位になり、高校生は「SNS」が1位となり、年齢が上がるほどSNSの利用割合が高くなっています。（注）

　子どもたちにとってSNSは、友だちどうしの日常会話の延長や、同じ趣味の人とつながりたいなどで利用しています。しかし、インターネットリテラシーが十分身についていないことなどから、「いじめ」や「個人情報の漏洩」「犯罪に巻き込まれる」「予期せずに加害者になった」などのトラブルになるケースもみられます。

（注）内閣府「青少年のインターネット利用環境実態調査」（令和元年度）

コラム　ユーチューバー（YouTuber）は子どもの人気職業

　ユーチューバーとは、YouTube社の規定に従って自主制作の動画情報を発信し、そこに付帯された広告によって収入を得るクリエイターのことです。ユーチューバーになるための資格はありません。

　学研教育総合研究所（注1）が2020年8月に行った「小学生の日常生活に関する調査」によると、小学生の「将来就きたい職業」の4位は「ユーチューバーなどのネット配信者」です。

　ユーチューバーの収入は、YouTubeの再生1回で平均0.1円程度と言われています。収入を得るにはほぼ毎日欠かさず投稿する必要があり、決して楽ではありません。単価の高い人気ユーチューバーは億単位の年収があると言われていますが、ごく少数です。

　人気ユーチューバーが特定の企業の商品を勧めていることがありますが、これはメーカーとのタイアップ広告です。テレビ CM と同様、ユーチューバーが商品の宣伝をしています。人気ユーチューバーはインフルエンサー（注2）としても注目されています。

　ユーチューバーの多くは、事務所に所属し動画制作のアドバイスやサポートを受けながらルールに則って活動していますが、法律の研修を受けるなどして表現上の問題がないかをチェックし、投稿した動画に閲覧者から苦情がきたり著作権侵害などのトラブルにならないように、ユーチューバー自身が自主的に対策を行う必要があります。

（注1）学研教育総合研究所は、子どものための出版や学びの機会を提供するなど教育関連情報の収集発信、研究などを行う民間機関。

（注2）インフルエンサーとは、世間に与える影響が大きい発信力のある人のこと。

（6）支払いをする

　スマホに表示された QR コードをレジでかざして読み、キャッシュレス決済している姿を見かけるようになりました。スマホにクレジットカードや電子マネー、○○ペイ等のアプリを入れていると手軽にキャッシュレス決済ができます。若者を中心にこれらのキャッシュレス決済が急速に浸透しています。

　お金の支払い方や送金方法は、さまざまな新しい方法が登場しています。しくみをよく理解してから利用するようにしましょう。

おサイフケータイ

　おサイフケータイという名称は、NTT docomo の登録商標です。おサイフケータイは、スマホに埋め込まれた Felica（フェリカ）（注）チップ

という IC チップを用いた少額の決済から始まりました。利用できるサービスが増え、今ではお財布に入っているもの（電子マネーやクレジットカード、通勤通学の定期券、飛行機搭乗券、会員証やポイントカードなど）を何でもスマホにいれて持ち歩くことが可能になっています。

（注）Felica はソニーが開発した近距離無線通信 NFC の規格

コード決済（○○ペイ）

QR コード決済、バーコード決済などとも言われ、一般には○○ペイと言われています。スマホの QR コードを読み取ることで、クレジットカードや銀行口座と連携したスマホ上の決済サービスで代金を支払います。

○○ペイを登録する際に、銀行口座から引き落とすときは銀行口座番号を入力し、クレジットカードで引き落とすときはクレジットカード番号を入力します。○○ペイに一定額チャージしておき、その範囲で使うことも可能です。

コード決済の使い方

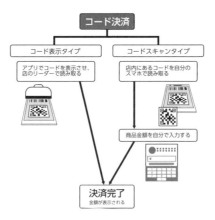

コラム　知らないうちに多重債務になる危険

　多重債務とは、銀行やクレジットカード会社、消費者金融など複数の業者からの借金や欲しいものを次々にクレジットカードで購入して、返済が困難になった状態をいいます。

　最近では、QRコード決済が普及し、コンビニの買い物などを手軽なスマホ決済にしたために、気づいたら1か月の累積利用額が高額になり収入以上の買い物をしてしまったというケースもあります。

　利用金額はこまめにチェックして手軽だからと使いすぎないようにすることが大切です。暗号資産の登場などお金のあり方や支払方法が変化しています。幼児期からの金融教育が望まれます。

割り勘アプリ（資金移動）

　友人どうしの食事会の会計時に、各自が財布の小銭を探さずにメールやメッセージを送るようにお金を送ることができます。

　割り勘アプリは、現在3種類あります。いずれのアプリも友だちどうしが同じアプリを入れていないと使えません。

　割り勘専用のアプリ（楽らくワリカンなど）やコード決済アプリ（PayPayやLINEPayなど）のなかの割り勘機能を利用、個人間の送金アプリ（KyashやPringなど）があります。

まめ知識　暗号資産（仮想通貨）

　ビットコインなどの「仮想通貨」を、現在は資金決済法で「暗号資産」と呼んでいます。

　暗号資産は、円やドルなどのように、その国の政府の認めた通貨（法定通貨）ではありません。また、紙幣や硬貨のような現物はなく、電子データのみでやりとりします。銀行などを経由せずに暗号化

されたデータでやりとりするので、海外などへの送金手数料が安く、送金も迅速にできるメリットがあります。今では、暗号資産を使って支払いができる店舗もあります。

　金融庁に「暗号資産交換所」として登録した「取引所」という会社に口座を開設すると、暗号資産を法定通貨と交換できます。

　暗号資産は価格の変動が激しいため、投機目的で売買をする人もいて、大きな損失を被ったり、また、「暗号資産で儲かる」と誘い、お金をだまし取る詐欺的商法も横行しています。

第4章　子どもが夢中になる SNS、動画サイトのしくみを知る

第❶節　主な SNS

　多くの子どもたちがインターネットを上手に使って情報交換をしています。最新の情報を得る手段や友だちどうしで交流する手段として便利に使われている人気の SNS などについて、主な特徴を紹介します。

SNS の種類	主な特徴
LINE	・無料通話やメッセージのやりとり、写真や動画の送信、ビデオ通話もできる無料通話アプリ。 ・国内月間アクティブユーザー数 8,600 万人（2020.10 現在）(LINE 株式会社 IR 資料室　2020 年第 3 四半期決算発表 2020.10.28 資料) ・未成年者は利用する際に親権者の同意が必要。 ・18 歳未満の利用者は LINE の ID 設定および ID 検索を利用することができない。 ・「OK」や「ありがとう」などをユニークな画像で表現するスタンプによるトーク機能（メッセージ）でチャット（おしゃべり）する特徴がある。 ・登録には携帯番号が必要。 ・自分のスマホに登録された電話帳を自動で読み込むため、親しくない人と勝手につながる場合がある。友達の自動登録や自分の ID 公開・非公開など初期設定を慎重に行う必要がある。 ・送った文章を相手が読むと「既読表示」の機能がある。
Twitter	・ツイート（つぶやき）と呼ばれる 140 文字の短文を投稿することで気軽な人間関係を築けるサービス。 ・匿名登録が可能。 ・国内アクティブアカウント数 4,500 万超（2017.10 現在）(TwitterJapan アカウントで公表のデータ) ・規約では、少なくとも 13 歳以上とされているが、App Store や Google Play のアプリのレーティングは 17 歳以上となっている。 ・登録の際に、電話番号でなくメールアドレスで登録可能。 ・ツイートのほかに、ブログや WEB サイトのリンクを貼ったり、写真・動画投稿もできる。 ・ハッシュタグ（#）をつけると同じキーワードの投稿が検索され、趣味や関心ごとなどが同じユーザー同士の交流ができる。素早く目的の情報を見つけられるメリットがある。 ・自分から発信したり、他人のつぶやきをコピー・転載できるリツイートという機能がある。

Facebook	・自己紹介、プロフィール、日記を書いて、それに対してコメントをもらうことにより交流することが可能な SNS。 ・国内月間アクティブアカウント数 2,600 万（2019.3 現在）（Facebook 公式ニュースルーム） ・登録可能年齢は 13 歳以上となっている。 ・他の SNS がハンドルネームなどの匿名を許可しているのに対して、Facebook は基本的に本名（実名）での登録。実名とともに顔写真を掲載している場合も多いのでビジネス面での利用が活発で、現実社会への影響力がある。 ・実名で友達を検索でき、つながりで新しい友達ができる。多くのコミュニティやグループに参加できたり、イベントの情報の検索がしやすい。 ・自分の考えや行動、写真などを手軽に友達と共有ができ、個人でのプライベートなやりとりから友達を含む広いグループ活動まで幅広くつながる。 ・非公開、公開などさまざまな活用方法がある。
Instagram	・写真や動画投稿に特化した SNS。 ・国内月間アクティブアカウント数 3,300 万（2019.6 現在）、ストーリーズ 1 日当たり投稿数 700 万（InstagramDayTOKYO2019「日本で Instagram が愛される理由」で発表されたデータ） ・利用規約には 13 歳以上と書かれている。App Store や Google Play のアプリのレーティングは 12 歳以上となっている。 ・自分が撮った写真を Instagram で加工したり、他の人が投稿した写真に対してコメントすることも可能。投稿は実名でなくても良い。ただし、他人へのなりすましや不正確な情報の提供は禁止されている。 ・自分の投稿はインターネット上に公開され、誰でも見ることができる。 ・「インスタ映え」が 2017 年のユーキャン新語・流行語大賞を受賞。いかに可愛くおしゃれにカッコよく写真を撮り注目を集めるかが鍵になる。 ・インスタグラムで、特にフォロワー数や閲覧数が多く強い影響力を持つ会員を「インスタグラマー」と呼び、企業の商品開発のプロモーションを行う人もいる。 ・ハッシュタグ（#）と写真で必要な情報が検索しやすい。 ・写真や動画が 24 時間で自動的に削除される「ストーリーズ」という機能がある。特定の相手を非公開にする公開範囲設定や、「親しい友達」に限定公開する設定もある。
YouTube	・無料で利用できる動画共有サイト。 ・アカウント数　公表データなし。 ・利用するには 13 才以上であることが必要。ただし、親または保護者によって有効にされていれば、あらゆる年齢で利用できる。 ・動画をアップロードして公開する場合にはアカウントの登録が必要だが、公開された動画を視聴するだけならアカウントは不要。 ・動画の設定には公開、非公開、限定公開と 3 種類あるので、アップロードする場合には設定に注意が必要。 ・キーワードで動画を検索したり、動画にコメントを投稿することもできる。 ・誰でも自由に動画をアップできることから、子どもの視聴に適さない動画もある。違法な動画は YouTube 側で削除するとしているが、使用端末ごとに設定を制限付きモード（セーフモード）にするとよい。

TikTok	・15秒から1分ほどの短い動画の作成をしてアップロードすることにより、他のユーザーに閲覧してもらい、書き込まれるコメントやチャットを通じてコミュニケーションする動画共有サイト。 ・国内月間アクティブユーザー数950万人（2019.1.31発表,ITmediaマーケティング記事） ・アカウント登録時に年齢認証画面が出てくるので生年月日を入力する。13歳以上が利用できる。App StoreやGoogle Playのアプリレーティングは12歳以上となっている。 ・YouTube同様、他人の動画を視聴だけならばアカウント登録は必要ないが、投稿する場合にはアカウントを登録する。 ・アカウントは本名である必要はなく、電話番号、メールアドレス、LINE、Twitter、Facebook、Google、Instagram、カカオトークのアカウントのいずれかで登録できる。 ・公開範囲は、動画ごとに「公開」「友達（友達のみ閲覧可能）」「非公開（自分のみ閲覧可能）」を選べる。 ・動画に音楽を自由に付けられるが著作権法に違反しないか配慮が必要。 ・一対一でやりとりのできるダイレクトメッセージ機能がある。

　個別のSNSなどのくわしい利用方法については、（一財）日本インターネット協会の「インターネットを利用する際に知っておきたい『その時の場面集』」https://www.iajapan.org/bamen/ を参考にするとよいでしょう。

第2節　SNSで「友だち」とつながるワケ

　子どもたちにとってSNSは楽しい交流の場となっており、実際に会ったことがないネット上の友だちも、リアルの世界の友だちもあまり差がないようです。

　リアルの世界で仲の良い友だちと、SNSでも一対一やクラスの数人でグループをつくって交流しています。また、SNSのプロフィールに自分の趣味や好きなことを書いたり、気になる人を見つけたらフォローしたりして、友だちを探しています。

　ここでは、SNSで友だちとつながるしくみや特に注意したい点を紹

介します。

（1）LINE の場合

　LINE は電話番号で友だちと交流する SNS です。友だちと一対一の交流や数人のグループでの交流など、自分が交流したい人の電話番号を登録し仲間だけで交流をするのが原則です。

　しかし、新規登録をするときに、手順の途中に、［友だち自動追加］［友だちへの追加を許可］の設定を行う画面があり、この設定を確認しなかったり、友だちを増やしたいと思って設定画面のチェックを外さない人もいます。そうすると、自分のスマホに登録された電話帳を自動で読み込むため、どんどん友だちが増えていきます。

　やりとりをしたくなければ、その人とメッセージのやりとりができないようにブロックする方法があります。

（2）Twitter の場合

　Twitter の大きな特徴は、フォローとリツイートです。

　フォローとは、気に入った人（個人も企業や自治体もある）のツイートを自分のタイムライン（投稿履歴を並べたもの）に表示させて、情報をリアルタイムで入手できるようにすることです。特定の人のフォロワーになり、ツイートに書き込み、やりとりをして知らない人とつながっていきます。

　自分のフォロワーに対して送信者と受信者だけにしか見られない非公開メッセージ（ダイレクトメッセージ）を送ることができます。なかにはツイートによって、投稿者の嗜好等がわかるので、同じ意見を持つ人になりすまして近づいてくる悪意を持った人も存在します。

　リツイートは、他人のツイートを自分のフォロワーと共有することで

す。ツイートにある「リツイート」ボタンをタップするだけで、そのツイートは自分のフォロワーに広がります。他人のツイートにコメントをつけてリツイートもできます。

　リツイートには「公式リツイート」と「非公式リツイート」（引用ツイートなど）の２種類があり、公式リツイートは元のツイートがそのまま引用されますが、非公式リツイートはリツイートする人が内容を変えることができます。このため悪意のある人によって改ざんされ、デマ情報が拡散する危険性もあることを理解しましょう。

（3）Facebook の場合

　公開範囲は「公開（Facebook 利用者全員が閲覧可能）」「友達（Facebook 上の友達のみ閲覧可能）」「自分（自分だけ閲覧可能）」「カスタム（特定の友達だけ閲覧可能）」があります。

　交流をする友だちをつくりたいときには、Facebook 上部の検索バーに名前を入力し、出てきた人物のプロフィールを確認してから「友達リクエスト」を送ります。自分から友だちを探すだけでなく、知人が自分を見つけてリクエストしてくることもあります。

　Facebook のサーバに各自の連絡先がアップロードされるため、友だちになった複数の人が同じ人をアドレス帳に登録している場合には「知り合いかも」と表示されます。リクエストしてきた人のプロフィールを確認して、友だち承認するかを慎重に検討しましょう。

　公開設定は「友達」のみ、自分の書き込みが検索されないように検索エンジンの許可は「いいえ」を選ぶことが、個人情報が広がらない方法です。

　また、Facebook には、Facebook Messenger（メッセンジャー）というメッセージアプリがあります。LINE のような吹き出しでやりとり

でき、写真や動画だけでなく、Word や Excel などのファイルを添付することができます。音声通話やビデオ通話も無料で利用できます。

知り合いかも？に出る仕組み

イメージ画像

D が A のフェイスブックに「知り合いかも」と出てくる

各人がアドレス帳をアップロード

アップロードされる先は？

A

友達 B

友達 C

D

友達 B と
友達 C へ

A と D へ

B と D へ

B と C へ

Aにとっての友達Bと友達CがAと繋がっていないDと共通で繋がっている場合、
AさんにDさんが「知り合いかも」と表示される

第5章　情報に左右される

　インターネットは、探したい情報をすぐ探すことができて便利な反面、膨大な情報のなかから、自動的に自分に都合の良い情報ばかりが入ってくることもあります。それが高じると、多くの人が同じ考えを持つ正しい情報だと思い込み、自分と異なる意見を受け入れなくなる可能性もあります。さまざまな角度から情報を取捨選択することができなくなる危険性もあります。

　この章では、『情報通信白書』（令和元年版）でも指摘されているフィルターバブル、エコーチェンバーについて、特徴をまとめました。

（1）情報がかたよる「フィルターバブル」

　インターネットで閲覧や検索をすると、アカウントから収集した情報を基に AI などで分析することで、その人に最適と思われるコンテンツや広告が自動的に表示されることが多くあります。Amazon で「閲覧履歴に基づくおすすめ商品」が表示されるのは、その一例です。

　膨大な量の情報からその人の興味や関心のある Web コンテンツが自動的に表示されるため、必要な情報をピンポイントで簡単に得ることができるメリットがある反面、無意識に同じような情報ばかりに囲まれてしまうことになります。

　まるで泡のフィルターに囲まれたように、自分の見たい情報しか見えなくなるという意味で「フィルターバブル」と言われます。

　いちどフィルターバブルになると、いつも見ている傾向のものばかりが現れ、多様な意見を目にする機会が少なくなってしまいます。

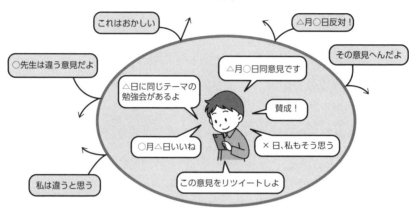

フィルターバブルに入りこむと …

これはおかしい

△月○日反対！

○先生は違う意見だよ

その意見へんだよ

△日に同じテーマの
勉強会があるよ

△月○日同意見です

賛成！

○月△日いいね

×日、私もそう思う

私は違うと思う

この意見をリツイートしよ

（2）極端な対立を促す「エコーチェンバー」

　エコーチェンバー（Echo Chamber）とは、閉ざされた空間で自分が
出した音がこだまのように響きわたるように設計された反響室という意
味があります。『情報通信白書』（令和元年版）では、「自分と似た興味
や関心を持つユーザーをフォローする結果、SNSで意見を発信すると
自分の意見と似た意見が返ってくる状況」と解説しています。

　フィルターバブルによって、自分の考えと似たような人が友だちとし
て紹介され、その人の投稿が上位に表示されます。閉鎖的な狭いコミュ
ニティで、自分と同じような意見を見聞きし続けると、自分の意見が増
幅され、自分の考えが正しいと思い込むようになって、違う考え方があ
ることに気づきにくくなります。その結果、異なる意見に耳を傾けず対
立を深めることにもつながります。政治的、思想的対立も起きやすく
なっています。

　SNSやインターネット掲示板など「同じ趣味や考え方の人とつなが
ることができる場」では、エコーチェンバーは起きやすいと言えます。

II

トラブルを防ぐために
大切なこと

第1章　SNSのやりとりで起きているトラブル

第❶節　個人情報が知られてしまう

　スマホを契約してインターネットサービスを使い始めるときは、名前や住所、連絡先、年齢、性別などの個人情報を登録し、利用する権利（アカウント）を取得します。アカウントを使う人が本人かどうかを確認するために、アカウント取得と同時にIDとパスワードも登録します。また、ネット上で商品を購入するときも、個人情報の入力を求められます。SNSで友だちや知り合いとやりとりをするなかで家族のことや友人のことを書いたり、写真を送りあったりしています。

　このように、ネットのなかは、個人が特定できる情報がいっぱい蓄積されているのです。

（1）名前を書かなければ大丈夫？

> 「ニックネームでSNSを利用しているから心配ない」「同じ日に生まれた人はたくさんいるので生年月日だけなら大丈夫？」「学校名だけなら問題ない」と思っています。

　個人情報とは、氏名、生年月日、マイナンバー、遺伝子（DNA）情報、学歴、職歴、病歴、顔写真などで特定の個人を識別できる情報のことです。インターネットでは複数の情報を容易に入手することができるので、こうした個人情報そのものを書かなくても、Instagramにアップされた写真やFacebookのコメントや写真をよせ集めると、個人を特定

できることがよくあります。

　筆者が、ある中学校で全校生徒約 800 名の中から一人を特定する実験をしたところ、「14 歳」「男子生徒」「10 月生まれ」「テニス部」「兄弟 2 人」「学校まで徒歩 5 分」「お兄さんがいる」と条件を絞り込んでいくと、ついに一人になりました。個人情報そのものは質問していなくても、条件を組み合わせると一人にたどり着くという例です。

　たとえば、その生徒が、SNS に「今日 10 月×日は僕の 14 歳の誕生日。18 時 55 分にテニス部の練習が終わったけれど走って家に帰ったら 19 時からの誕生パーティに間に合った（笑）。兄さんが欲しかったゲームをプレゼントしてくれた」と書き、別の日に、「テニス部が休みだったから先輩と△駅で待ち合わせして映画に行った」「自宅近くの○○公園で友だちとゲームで遊んだ」などと書くと、誰が書いたか特定される可能性があるということです。

　Twitter に友だちの悪口を匿名で書いたのに、ネットのなかのさまざまな情報から書いた本人が特定されてしまい、学校に行きづらくなったという例もあります。

　もし、「面白い投稿だから、誰が書いたか探してみよう」と興味を持った人がいたら、その人がインターネット上に乗せたさまざまな情報をつなぎ合わせて個人を特定し、その個人情報を悪用する危険もありえるのです。

　特定グループや 1 対 1 のトークだから何を書いても安心だと思っていても、メンバーが「面白いからみんなにも教えよう」と思い、スクショ（スクリーンショットの略、画面の内容を画像にすること）やコピペ（コピーする）などで他の SNS にその情報をアップすると、情報が拡散されます。

SNSで鍵付きアカウントで非公開にしていても…

「友達限定公開」で内緒話を
しても…

友達が「教えたい！」とスクリーン
ショットで他サイトに投稿すると

（2）家がわかってしまう理由

・毎日、自作のお弁当をブログにアップしていたら、家の住所を知ら
れてしまいました。
・子どもが公園で遊んでいる様子を写真に撮ってSNSにアップして
いたら、公園の場所と日時を知られて変質者が現れました。

　多くのスマホやデジカメには、撮影した画像データにイグジフ
（Exif：Exchangeable image file format）と言われる撮影メモのような
ものが自動的に埋め込まれています。

写真の画像データ

見える部分：ピクセル（画素）といわれる
色と明るさを持ったタイルのような集ま
り。これで映像を作っている

見えない撮影メモ＝イグジフ（裏に埋め込まれる）：
ジオタグ（位置情報）、撮影日時、撮影の機種、作者
名、撮影時の設定など

　撮影メモの内容は、緯度、経度、方角などの座標軸（ジオタグと言わ
れる位置情報）や、撮影日時、機種、作者名、撮影時の設定（シャッ
タースピード等）などです。イグジフ機能は、上手に使うと、後で写真
を整理してアルバムをつくるときに撮影場所ごとに整理することができ
るなど、とても便利に利用できます。

　イグジフのなかでも特に問題になるのは、ジオタグと呼ばれる位置情
報です。スマホのカメラのジオタグ（GPS機能）をオンにして撮影す
ると、ジオタグが写真データに埋め込まれます。

　その写真をダウンロードして、地図とジオタグが連動するアプリやソ
フトを使うと、その写真で写った位置が地図上にピンが立って、どこで
撮影されたかわかります。

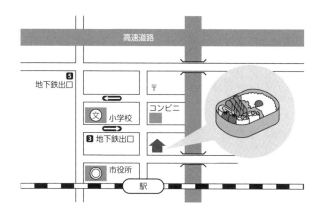

　一度埋め込まれたジオタグは、ジオタグを消すソフトを使わなければ
削除できないので、ネットにアップしようと思う写真を撮影するとき
は、必ずカメラの設定を確認することが大切です。

イグジフに書かれた内容を確認する方法

　PC（パソコン）に取り込んだ写真の上で、Windows の場合は右クリック（プロパティ）して確認できます。Mac OS のパソコンやデジタルカメラの ROW（生データ）は、現像ソフトでイグジフを見ることができます。スマホの写真からは直にイグジフを読み取れないことが多いので、PC に一度写真を取り込んでから確認するとよいでしょう。

　現在、大手 SNS やブログ（Facebook、Twitter、LINE、Instagram、mixi、アメーバブログ、はてなブログなど）では、ジオタグの埋め込まれた写真をアップしてもジオタグは自動的に消去されるようになっています。その他、写真をダウンロードできないようにしているサイトもありますが、対策がとられていたとしても、自分でも写真をアップする前にジオタグの有無を確認することが大切です。

（3）「いいね」を押しただけなのに

　モデルを目指している学生が、雑誌の読者モデルをしているという女性の SNS をフォローして「いいね」を押したら、その読者モデルからダイレクトメッセージが届きました。嬉しくて自分もモデルになりたいと自分のことを書いて返信したら、「自分の所属する芸能プロダクションの社長を紹介してあげる」などと言われました。紹介された事務所では、ポージングのレッスンや痩身エステなどの高額な契約を勧められトラブルになりました。

　読者モデルなどを装って事業者がさまざまな勧誘をしています。こうした事業者は、SNS などに集う人たちの行動パターンや嗜好などを観察しています。

　「いいね」を押したことがきっかけで、知らない人からメッセージが

届き、個人情報を伝えてトラブルに巻き込まれることもあります。メッセージの交換をする場合は、親（保護者）など周囲の大人に相談するなど、慎重な行動が求められます。

| 知っておきたい法律 | 個人情報保護法 |

　個人情報とは、個人の名前や住所、写真、音声などの個人に関する情報によって、その人が誰であるか特定できるものを指し、メールアドレスやアカウントなども、本人にひもづいていれば個人情報です。ネットの普及など情報化の急速な進展などにより、個人の権利利益の侵害の危険性が高まったことなどから、2003年に「個人情報保護法」が制定され、何度か改正を経ています。

　現行法は、個人情報を取り扱う事業者（ほぼすべての民間事業者、NPO法人、自治会、同窓会、サークル、マンションの管理組合等）は、①個人情報を収集するときは、本人に利用目的をできる限り特定すること　②あらかじめ本人の同意を得ないで、特定された利用目的の達成に必要な範囲を超えて個人情報を取り扱ってはならないなどの規定が定められています。外国にある第三者への提供も規制されています。

　2020年6月の改正で、インターネット社会の進展を踏まえて、個人を特定することができない匿名の情報（匿名加工情報）は、内部分析に限定するなどの条件の下で、本人の同意なしに目的外利用や第三者への提供が可能となることなどが新たに規定されました。

　さらに、2021年の通常国会においてデジタル庁の創設にともなうデジタル関連法により、地方公共団体の個人情報保護制度を全国共通ルールとすることなど、大幅な法改正が行われました。

　個人情報の重要性に鑑み、現在は「個人情報保護委員会」が、個人

情報を取り扱う事業者に対して、指導・助言や資料提出・立入検査・勧告・命令等の監督権限を有しています。

　民間企業でも、プライバシーマーク制度（一般財団法人日本情報経済社会推進協議会）の導入など、自主的な取り組みがされています。

　また、マイナンバーは特定個人情報としてマイナンバー法で適正な取扱いの確保が規定されています。

（4）個人情報を守るために

　子どもがSNSを利用するときは、日常のおしゃべりや同じ趣味の話など、身の回りの話が多くなりがちです。ネットの世界では、友だちやSNSで知り合った人とのやりとりが、大勢の人の目に触れ、個人を特定される可能性があります。

　公開範囲を制限しないでSNSや掲示板などに家族や友だちのことを書き込むことは、それを大勢の人が見ていると、常に意識する必要があります。また、鍵付きアカウントで一対一や決められたメンバーのグループでやりとりをしていても、そのグループの中の一人が悪気なく気楽にスクリーンショットやコピーをして他の友だちに教えてしまう可能性もあります。喧嘩した腹いせにネットにあげられるかもしれません。恋人同士の大切な写真を、恋人関係が壊れたら公開されてしまうこともありえます。

　安全に使うためには、①万が一、第三者に見られても自分が傷つかない情報か　②自分を知らない人が見ても自分にとって大きなダメージとなる情報かなど情報のレベルにランクをつけて自分なりの基準をつくることが大切です。一人でSNSに向かっていると、他の人は見ていない気分になりがちです。ネットの特性を常に意識して、自分の個人情報を守りましょう。

・ネットの世界は家の外と同じです。誰が見ているかわかりません。
・ネットにアップされているさまざまな情報を組み合わせると個人を特定することができます。
・ネットにアップされた情報は完全に消すことは難しいです。

第❷節　知らない人とつながる危険

（1）友だちになろうと言われたら

> ・ゲームでフレンド申請の挨拶のメールが来て、私も同じ小学6年生と言われたのでメッセージのやりとりを始めたけれど、プライベートなことを聞かれて何となく気持ち悪くなりました。
> ・SNSで人気グループのファンだと投稿をしたら、自分もファンだと返信があり盛り上がって会う約束をしましたが、実際に会ったら中年のおじさんだったので怖くなり逃げ帰りました。

　2019年に起きた小学6年生の少女が誘拐された事件は、SNSで知り合った人に家庭や学校の不満を話しているうちに優しいお兄さん的な存在になり、お兄さんの家に連れて行かれ監禁されたというものでした。

　学校や家庭の悩みを友だちに話すことができず、辛くて暗い気持ちで過ごしている子どもは多いと思われます。そのような子どもたちにとってSNSは、心の悩みを打ち明け現実から逃げる場所になっているようです。

　保護者や教師は、SNSでやりとりする相手は、「年齢も性別も職業も本当のことはわからない」「なりすましかもしれない」「本当に優しい人なのか、悪意を隠して近づいてくる人なのか、誰も判断することができ

ない」など、具体的な事例をもとに子どもが理解できるように話しておきましょう。

　また、子どもが悩みを身近な保護者や教師に話しやすい環境をつくることも大切です。

（2）水着で隠れるところは誰にも見せない

> 　小学高学年の女の子に、携帯ゲーム機のゲーム内で知り合った少し年上のお姉さんから「胸が小さいことが悩みなの」と打ち明けられ胸の写真が送られてきました。「私も胸が小さいことが悩みだ」と思わず打ち明けると、「あなたの写真も送って」と返信があり、裸の写真を送ってしまいました。

　女の子の裸や下着姿の写真を要求されて、自分で撮った写真を送信させられる被害が増えています。水着で隠れるところを「プライベートゾーン」と言います。プライベートゾーンは、触ってはいけない、人に見せてはいけないものです。

　「児童ポルノ禁止法」では、裸の写真などの姿を記録した「写真」や「画像」の電子データを所持、保管しているだけでも処罰の対象になります。

　警察庁の調査「少年非行、児童虐待及び子供の性被害の状況」（2020年3月）では、2019年にSNSに起因する被害児童数は2,082人、児童ポルノ被害にあった子どもは1,559人となっており年々増加しています。

　仮に加害者が捕まったとしても、ネットに投稿された写真などはコピーをされるなどによって残るため、被害にあった子どもの心の傷は生涯消えません。

　他人がプライベートゾーンを見ようとしたり、触ろうとした場合は、

強く拒否すること、それが自分を大切にすることであり、他人を大切にすることだということを、日頃から子どもと話しておく必要があります。「プライベートゾーン」を守る啓発と教育が必要です。

　子どもの虐待などの被害から身を守る活動をしている NPO 法人 CAP ユニットは、「NO・GO・TELL」を提唱しています。

　NO：私はそれは嫌だ

　GO：その場から急いで逃げる

　TELL：信頼できる人にすぐ話す

　この NO・GO・TELL は、いじめや犯罪に巻き込まれそうになったときにも応用できますので、日常的にさまざまなシーンで大人が子どもに伝えておくことが大切です。

知っておきたい法律　児童ポルノ禁止法

　正式な法律名は「児童買春、児童ポルノに係る行為等の規制及び処罰並びに児童の保護等に関する法律」です。

　この法律で児童とは、18 歳未満をいいます。児童買春、児童ポルノに係る行為等を規制し、これらの行為等を処罰するとともに、これらの行為等により心身に有害な影響を受けた児童の保護のための措置等を定め、児童の権利を擁護することを目的として制定されました。

　「児童ポルノ」とは、写真や電子画像それを記録した電子データ、その他の物であって、次のいずれかに掲げる児童の姿態を視覚により認識することができる方法により描写したものと定義されています。

① 　児童を相手方とする又は児童による性交又は性交類似行為に係る児童の姿態

② 　他人が児童の性器等を触る行為又は児童が他人の性器等を触る行為に係る児童の姿態であって性欲を興奮させ又は刺激するもの

③　衣服の全部又は一部を着けない児童の姿態であって、殊更に児童
　　の性的な部位（性器等若しくはその周辺部、臀部又は胸部）が露
　　出され又は強調されているものであり性欲を興奮させ又は刺激す
　　るもの

　児童の裸の写真などの姿を記録した写真や電子画像、電子データを
製造、提供するだけでなく、所持・保管すること、輸出・輸入の行為
をする人も処罰の対象になります。

知っておきたい法律　リベンジポルノ防止法

　正式な法律名は、「私事性的画像記録の提供等による被害の防止に
関する法律」といいます。

　この法律制定のきっかけは 2013 年におきた東京都三鷹市の女子高
校生がストーカーによって殺害された事件です。この事件の犯人であ
る元交際相手の男性は、ストーカー行為だけでなく、恋愛関係時代に
撮影した女子高生の裸の映像などをインターネット上に流出させてい
たことが事件後に発覚して問題になりました。

　被写体を特定できる方法で、個人的に撮影した性交を含む裸の写真
や電子画像を不特定多数に提供した場合は、公表罪として 3 年以下の
懲役または 50 万円以下の罰金、拡散目的で特定の少数の人へ提供し
た場合には公表目的提供罪として 1 年以下の懲役または 30 万円以下
の罰金となります。

　法律が制定されるまでは、被害者であるにもかかわらず自己責任と
言われて写真などの削除に応じてもらえないことが多くありました
が、法律が制定された後は、本人の合意がないものは違法となり、削
除や処罰をしやすくなりました。

（3）マッチングアプリでパパ活

> 「今週土日にお会いできるパパさん探してます！＃パパ活募集
> ＃パパ活JC」とSNSに投稿をしました。

（注）JCとは女子中学生、JKは女子高生を指します。

　「パパ活」とは、パパと呼ばれる男性と食事やデートをして金銭的謝礼をもらうことをいいます。援助交際と違い性的関係を前提としないと言われ、手軽なバイトとしてマッチングアプリやSNSにパパ募集を投稿する女子中高生がいます。最近のアプリには、現在の居場所を伝えて、その付近にいる見知らぬ人と出会える機能を持つものもあります。しかし、パパ活が脅迫や性被害につながったり、それを防ぐために警察に補導されたりするケースもあります。

　異性との交際を目的としたマッチングアプリなどを運営するときは、「出会い系サイト規制法」により、インターネット異性紹介事業の届出を行うことが義務付けられています。

　最近は、規制が厳しくなったいわゆる出会い系サイトに代わり、SNSが出会いの場となり、SNSや異性交際を目的としないマッチングアプリでも同様の行為が起きています。

知っておきたい法律　出会い系サイト規制法

　正式な法律名は、「インターネット異性紹介事業を利用して児童を誘引する行為の規制等に関する法律」です。

　18歳未満の児童を健全に育成することを目的とし、インターネット異性紹介事業を利用して児童を性交等の相手となるように誘引する行為等を禁止することや、インターネット異性紹介事業に必要な規制などが規定されています。

① 何人も、インターネット異性紹介事業を利用して、児童に性交などを持ちかけたり、人に児童との性交などを持ちかける行為や児童にお金を払って異性交際を持ちかける行為などを禁止しています。違反すると罰則があります。

② インターネット異性紹介事業者は、届出義務や「18歳未満は利用できない」ことを見やすいところに表示すること、児童でないことを確認するなどの義務があります。違反すると罰則や行政処分があります。

③ また、保護者にも、児童が利用するのを防止するために、フィルタリングなどの機能を利用するなど、児童がインターネット異性紹介事業を利用しないように努めることも明記しています。

（4）知らない人との出会いから子どもを守る

　インターネットでは「なりすまし」が簡単にできます。

　「いきなり友だちになろうと誘ってくる」「知らない人から悩みを打ち明けられる」「学校に行くのが面倒などの悩みを書いたら、すぐ話しかけてくる」「どこの学校か、何年生かなどプライベートなことを聞いてくる」「個人間しか見られないメッセージ（DM）のやりとりに誘われる」などこれらに当てはまることがあれば、その先のやりとりは危険に陥る可能性があります。

　保護者や教師は、ネットで起きる危険な出来事を情報収集して、子どもがネットの中で危険な目にあわないように注意をするようにしましょう。また、日頃から、家族のコミュニケーションをよくとるなど、子どもがまわりの大人に相談しやすい環境をつくっておくことが大切です。

〈相談先〉

○ 18 歳までの児童が電話やチャット等で相談できる特定非営利活動
　法人 チャイルドライン支援センター

https://childline.or.jp/chat

電話相談　0120-99-7777／16 時から 21 時

（5）子どもを守るさまざまな方法

フィルタリング機能

　インターネット上のフィルタリングは、子どもが危険なサイトを閲覧
できないように、閲覧可能なサイトや内容を制限することです。

　現在、携帯電話会社 NTT ドコモ、KDDI、ソフトバンク、ワイモバ
イル、UQ モバイルなどでは名称や統一アイコンを利用した「あんしん
フィルター」という無料アプリを提供しています。

ペアレンタルコントロール

　子どもがスマホなどの使う端末を安全に使えるように、保護者が利用
制限をかけて子どもの利用をコントロールするしくみです。

　接続回線と利用時間、アクセスできる Web ページなどを制限、使い
過ぎの防止や有害サイトへのアクセスをブロックします。たとえば、あ
らかじめ利用できる時間を設定しておけば制限時間になると使えなくす
ることなどができます。

レーティング

　利用するコンテンツがその年齢の子どもに有害であるかどうか、コン
テンツごとに評価をすることをレーティングと言います。スマホのアプ
リにはレーティングを表示しているものが多いので、公式アプリサイト

やセキュリティソフトなどに保護者が使用制限の設定をすれば、子ども
の年齢に適したコンテンツだけを利用することができます。

コラム SNS などを安心して使うために注意すること

① SNS にアップする写真を撮るときは位置情報設定をオフにする。
　ジオタグだけでなく SNS 投稿にも位置情報が設定されている場
　合もあるので注意する。
② 書き込む内容は、限られた人だけに向けてか、多くの人に向けて
　か、常に意識して SNS を利用する。限られた人（フォロワー）
　とのやりとりの場合はアカウントを非公開に設定する。
③ ログイン時に多要素認証の設定があれば、積極的に利用する。今
　は多要素認証が主流になりつつある。
④ 非公開設定にしていても、「いいね」を頻繁に押していたら足跡
　を残してしまうので、むやみに「いいね」を押さない。
⑤ 不快な写真や動画はフォローせず、ブロックする。
⑥ 投稿する前にひと呼吸おいて、文章や写真、動画をもう一度確認
　する。
⑦ 設定する時は子ども任せにしたり親が勝手に設定したりせず、注
　意点を親子で話し合いながら設定する。
⑧ 万が一アカウントを乗っ取られた場合、本人確認情報と一致しな
　いとアカウントを取り戻すことができなくなるので、アカウント
　を登録するときは、正しい個人情報で登録する。

第❸節　ネットいじめ

（1）ネットいじめは発見が難しい

　文部科学省が公表した「児童生徒の問題行動・不登校等生徒指導上の諸課題に関する調査」（令和元年度）によると、いじめの態様のうち、「パソコンや携帯電話等で誹謗（ひぼう）中傷や嫌なことをされる」の件数は、小・中・高・特別支援学校全体で 17,924 件で、前年の 16,334 件より増えています。

　ネットいじめでは、SNS や掲示板などに特定の子どもを仲間外れにしたり、悪口や暴力的な言葉、知られたくない秘密の情報を書き込んだり、悪質な写真などを掲載するなどが行われています。

　いじめは、ネット社会になる前から問題となっていました。

　ネットを介さない対面のいじめは、学校内や地域内などの範囲に限定されますが、ネットいじめは、匿名で書き込みができることから、安易で無責任に誹謗・中傷が行われ、学校や地域にとどまらず広範囲に広がり、不特定多数の人から絶え間なく誹謗・中傷されるようになっていく特徴があります。家に帰っても誹謗・中傷の書き込みがされ、引っ越しや転校をしたとしても逃れることが困難です。また、ネットだと本人に直接いじめをしないため、罪悪感が薄れ、集団の群集心理も働いて過激になる傾向もあります。

　保護者や教師などまわりの大人が、子どもの携帯の書き込みを直接見ることができないために、いじめの実態を把握することが難しく、いじめを発見しても加害者を特定することが困難なことも多いため、解決が難しいと言われています。

（2）最初はつぶやきから始まる

　ある中学2年生A子さんの例を紹介します。

　A子さんのクラスでは、メッセージアプリでグループをつくっています。A子さんは家でスマホの利用時間を制限されているのでメッセージのチェックが遅くなり、見ても既読スルーになることが日常的でした。B君が「A子、すぐ返信しろよ」と書いてもスルーしていたところ、B君の発案でついにA子さんはクラスのグループから外されてしまいました。A子さんの見えないところでクラスメートがちょっとした悪口を書くようになり、ネット上だけでなく実際にクラスでも悪口を言われるようになってきました。

　同じクラスのC子さんはその様子を見てアプリのグループを抜けたいと思うようになりましたが、今度は自分が同じ目にあうのではないかと怖くて悩むようになりました。

（3）いじめが広がる

　主に次のような方法でいじめがひろがります。

　一つは、なにげない悪口のつぶやきに他の人が反応し、情報が拡散していくパターンです。最初は身近にいる友だちが本人の悪口を書きますが、他の友だちがその悪口を面白がって賛同するようなことを書き込みます。「面白い」とか「軽い気持ち」で書いたことが広がると、会ったことのないような人にまで拡散していきます。ひどい場合は「ネット炎上」（注）になってしまいます。

　二つ目は、LINEなどのSNSでグループをつくってメッセージのやりとりをしている場合に、気に入らない一人だけを仲間から外してしまうパターンです。LINEは、グループ内の気に入らない人をブロックしメッセージのやりとりに加われなくすることができます。あからさまに

ブロックできない場合は、気に入らない人を外して別に裏グループをつくることもあります。

　ネット上のいじめは、いじめがひとたび起きると誹謗・中傷のコピーと拡散が繰り返され、最初の投稿がどれなのか分からなくなるとともに、ネット上に拡散した投稿のすべてを削除することは事実上不可能になります。人と人が面と向かってぶつかるいじめと比べ、ネットいじめは拡散しやすく救うのが難しいという特徴があります。

　（注）ネット炎上とは、ネット上に非難・批判が集中的に投稿され収拾が
　　　つかなくなることです。

　ネット上のいじめは、いろいろなサイトで行われています。ネットの特性を利用した「なりすまし」や「チェーンメール」「バトン」などからもいじめに発展することがあります。

〈ネット上で広がるいじめのきっかけ〉

掲示板への書き込み	掲示板は誰でも利用できるオープンなコミュニティーの一種で、ネット上で、スレッドやトピックなどと呼ばれる記事を書き込んだり閲覧できます。その書き込まれたメッセージに別の訪問者が書き込み、さらに新たなメッセージが書き加えられる伝言板のような使われ方をします。悪口が広がることがあります。
学校裏サイト	特定の学校やクラスなどの話題を扱う非公式な交流サイトや匿名掲示板のことです。学校裏サイトは、通常の検索では見つからないようにつくられ、学校内やクラスなど限定した範囲でコミュニケーションがされます。学校行事などの情報交換などもされますが、同級生の悪口、誹謗中傷などが行われる傾向があります。
なりすまし	ネットの世界では、別人になりすますことが簡単にできます。SNSに書き込みをするとき、別人になりすませば、自分が不満に思っていることや悪口を言いやすくなります。
チェーンメール・バトン	昔あった「不幸の手紙」がネット上で行われるのがチェーンメールです。メールを5人に送らないと殺される、不幸になるなど、人を不安に駆り立て広げていくものが多くあります。いじめを広げることでも使われることがあります。 　最近はメールがあまり使われなくなったため、SNSを利用したバトンと呼ばれるチェーンメールのようなSNS上でのコメントが使われるようになってきています。

（4）いじめをする子どもの心理

　いじめをする背景には、①対人関係が不得手　②自分を認めてもらいたいという意識が強く存在感を示したい　③ストレスのはけ口　④進学をめぐる競争意識　⑤将来の目標に対する不安などがあると言われています。家庭の問題では、保護者が過干渉であったり、逆に干渉しない、思いやりや規範意識が欠けている、少子家族などで人間関係のスキルが欠けてきているなど、さまざまな要因が考えられています。

　現在の子どもたちは、塾に行ったり習い事をするなど決められたスケジュールのもとで生活を送ることが多く、自由になる時間が少ない環境に置かれています。その結果、自分では気づかないストレスがたまり「いじめ」をする心理を生みやすい面もあると想像できます。

　ネット投稿は、面白ければコピーや他のユーザに紹介して、より多くの人に広がっていきます。

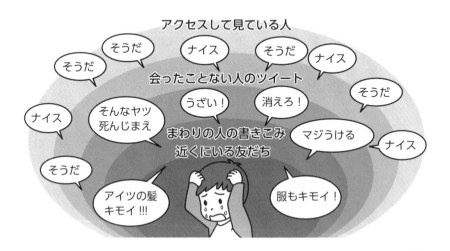

知っておきたい法律 いじめ防止対策推進法

　「いじめ防止対策推進法」は、いじめの防止等のための基本理念、いじめの禁止、関係者の責務等を定めています。国、地方公共団体及び学校は「いじめの防止基本方針」の策定が求められています。

　日常的な児童生徒の観察やアンケート等でいじめを早期に発見し、組織的に子どもを守っていこうという理念のもと、基本的施策として、

（１）道徳教育や早期発見の措置・相談体制の整備

（２）いじめ防止対策の専門的知識を有する者などで構成する組織を置くなどが規定されています。

　「いじめ」の学校の対処法として、①事実確認　②いじめを受けた児童生徒や保護者への支援　③いじめを行った生徒や保護者に対する助言④犯罪行為と認められる場合は所轄警察署と連携して対応することなども定められています。

　インターネット上での「いじめ対策」として、以下が規定されています。

・学校は児童、保護者に対し必要な啓発を行う。

・国及び地方公共団体は、児童等がネットいじめに巻き込まれていないか監視する関係機関や団体の取組を支援し、ネットいじめ事案に対処する体制の整備に努める。

・ネットいじめが行われた場合、いじめられた児童やその保護者は、いじめに係る情報の削除を求め、発信者情報の開示を請求するための協力を法務局又は地方法務局に求めることができる。

（５）教師や保護者の気づき

　2011 年に大津市で起きた中学生のいじめ自殺事件がきっかけで、

2013年6月に「いじめ防止対策推進法」が成立しました。

　この法律により、国や地方自治体、全国の教育委員会や学校などは、さまざまないじめ防止などの対策を行っています。

　たとえば、東京都教育委員会は、教師の気づきとして次のような「いじめ発見のチェックシート」をつくっています。インターネットでいじめを受ける子どもの心理や状況は、対面のいじめと同じであると思われます。保護者も参考にして、子どもの様子で当てはまるものがあれば、いじめの可能性を考えて注意しましょう。

〈いじめ発見のチェックシート〉

１表情・態度

□ 笑顔が無く沈んでいる。

□ 視線をそらし、合わそうとしない。

□ 表情がさえず、ふさぎ込んで元気がない。

□ 感情の起伏が激しい。

□ ぼんやりとしていることが多い。

□ わざとらしくはしゃいでいる。

□ 周りの様子を気にし、おずおずとしている。

□ いつも一人ぼっちである。

２身体・服装

□ 体に原因が不明の傷などがある。

□ 顔色が悪く、活気がない。

□ 寝不足等で顔がむくんでいる。

□ シャツやズボンが汚れたり、破けたりしている。

□ けがの原因を曖昧にする。

□ 登校時に、体の不調を訴える。

☐ ボタンが取れていたり、ポケットが破けたりしている。

☐ 服に靴の跡が付いている。

3 持ち物・金銭

☐ かばんや筆箱等が隠される。

☐ 机や椅子が傷付けられたり、落書きされていたりする。

☐ 靴や上履きが隠されたり、いたずらされたりする。

☐ ノートや教科書に落書きがある。

☐ 作品や掲示物にいたずらされる。

☐ 必要以上のお金を持っている。

4 言葉・行動

☐ 他の子供から言葉掛けを全くされていない。

☐ 登校を渋ったり、忘れ物が急に多くなったりする。

☐ 職員室や保健室の付近でうろうろしている。

☐ すぐに保健室に行きたがる。

☐ 不安げに携帯電話をいじったり、メールの着信や掲示板をチェック
したりしている。

☐ いつもぽつんと一人でいたり、泣いていたりする。

☐ 教室にいつも遅れて入ってくる。

☐ いつも人の嫌がる仕事をしている。

☐ 家から金品を持ち出す。

5 遊び・友人関係

☐ いつも遊びの中に入れない。

☐ 笑われたり冷やかされたりする。

☐ 特定のグループと常に行動を共にする。

☐ よくけんかが起こる。

☐ 付き合う友達が急に変わったり、教師が友達のことを聞くと嫌がる。

□ 他の人の持ち物を持たせられたり、使い走りをさせられたりする。

□ 友達から不快に思う呼び方をされている。

□ グループで行う作業の仲間に入れてもらえない。

□ 遊びの中で常に嫌な役割を担わされている。

６教師との関係

□ 教師と目線を合わせなくなる。

□ 教師と関わろうとしない、避けようとする。

□ 教師との会話を避けるようになる。

出典：東京都教育委員会「いじめ発見のチェックシート」

（6）いじめを受けた子どもへの対処法
心を受け止める

　子どもがいじめにあったことがわかった場合は、親（保護者）自身が落ち着いた対応を取ることが大切です。子どもの辛かった気持ちを受け止めて、子どもの方から親に話ができるように、あたたかく接しましょう。

　親が勝手に動くと子どもがさらにいじめられる可能性もあることを想像して、緊急性があるかどうか子どもの様子をみながら慎重に行動することが重要です。

　子どもが話せるようになったら内容を聞き取り、いじめが始まってからの経過を時系列に整理します。親だけの判断で、いきなり相手の親に連絡をするのではなく、いじめの専門相談窓口や学校、教育委員会などに相談をして、対処方法をよく話し合うことが大切です。

コラム　小学校教師らのコメント

　子どもは、小学校低学年のうちは、困っていることをまわりの大人に話してくれることが多いので、いじめなどの問題も比較的表面化しやすく、いじめられていることはわかりやすいです。

　学年があがるにつれて、本人が言ってくることは少なくなり、把握は難しくなります。いまは、なおさら見えにくくなっています。特に、最近はスマホを持っている子もいますが、スマホを持っていなくてもゲーム機などを使って、子どもたちどうしで交流しています。気がかりなのは、ネットでの「グループ」から外すことです。

　いじめが社会問題化したため、いまは、定期的に子どもたちにアンケート調査を実施しています。アンケート結果は、地元の教育委員会に提出し、情報を共有しています。

　このアンケートは「いじめ」の把握のきっかけになるように思います。本人や保護者からだけでなく、他の子どもやその保護者の話から把握することも多いです。ちょっとしたことでも相談してもらえるような日頃からの関係づくりをするようにしています。

　いじめが疑われる場合は、先入観を持たずに事実にもとづいて指導するよう努めます。

　いじめがわかった場合は保護者と連絡をとり協力して対応を図っていきます。本人だけでなくまわりの子どもからも話を聞き、問題解決のために、児童相談所、スクールカウンセラーなどの専門家の協力を得て解決にあたっています。

　いじめをした子どもへの対応についても、原因や理由を聞き取り、いじめをした子どもだけが悪いのか実態を把握するようにしています。加害者と言われても、本人にその自覚がないこともあります。指導の仕方を間違えると逆にいじめが陰湿になる危険やいじめた子ども

が不登校などになることもあるので、子どもの性格を考慮しながら慎重に対応をするように心がけています。

被害者にも加害者にもならないために、事前や事後の教育は欠かせません。いじめや犯罪、ネットとのつき合い方などは、子どもたち、保護者、PTA、教育委員会、地元の民生委員の方々など、みんなで日頃から取り組んでいくことが大切と思っています。

犯罪に巻き込まれるようなケースは、地元の警察に学校にきてもらって、子どもを交えてお話を聞いています。

書き込みの削除を要請したいとき

ネット上での誹謗・中傷は、被害者にとって不利になることが多いので、静観せず発見したらなるべくすみやかに対処することが問題を解決する早道です。その場合は、本人、保護者だけでなく、教師など学校関係者に相談しながら対応をしましょう。必要に応じて弁護士などの法律専門家に相談して対応することも考えましょう。

削除要請をするときは、サイトの URL がわかる形にして書き込み画面をスクリーンショットなどで保存しておくことが大切です。

「書き込みをした本人がわかる場合」「誰の書き込みかわからない場合」「管理者が対応してくれない、管理者がわからない場合」などさまざまな状況があるので、それぞれの場面に応じた削除の仕方について、関係機関（（8）さまざまな相談先を参照）に問い合わせましょう。

削除要請をすると、受付けた機関（運営事業者など）では、本人確認などを行い、誹謗・中傷の内容について表現の自由と人格権のバランスに配慮しながら判断します。

知っておきたい法律　プロバイダ責任制限法

　プロバイダ責任制限法の正式名称は、「特定電気通信役務提供者の損害賠償責任の制限及び発信者情報の開示に関する法律」です。インターネット上の違法・有害情報に対しては、被害者救済と表現の自由という権利・利益のバランスに配慮しつつプロバイダにおける円滑な対応が促進されるよう環境整備を行っています。大きなポイントは2つあります。

（1）プロバイダ等の損害賠償責任の制限

　特定電気通信による情報流通により他人の権利侵害が行われたときに、関係するプロバイダ等がこれによって生じた損害について、賠償の責めに任じない場合の規定を設ける。

（2）発信者情報の開示請求

　特定電気通信による情報流通により自己の権利を侵害されたとする者が、関係するプロバイダ等に対し、当該プロバイダ等が保有する発信者の情報の開示を請求できる規定を設ける。

　近年、SNS等ネット上での匿名での誹謗・中傷が深刻な社会問題になっているため、総務省は、2020年4月「発信者情報開示の在り方に関する研究会」を設置し、ネット上の違法・有害情報に対してプロバイダの対応が促進される環境整備を検討してきました。その結果、2021年4月にプロバイダ責任制限法の改正案が成立・公布されました。

　主な改正内容は、①発信者情報開示について1回の裁判で発信者を特定可能にし、開示請求手続きにかかる被害者の時間と費用を軽減する　②裁判所の消去禁止命令により審理中の通信記録の保全を図る③開示請求範囲を改正してログイン時のIPアドレスも開示請求でき

るようにする等です。

　法律を所管する総務省は事業者団体や個別のプロバイダによる自主的な取組みを支援しています。

　なお、事業者の自主的な取組みとして、（一社）セーファーインターネット協会が「権利侵害明白性ガイドライン（第1版）」を策定・公表しています。

　サイト管理者などへの発信者情報の開示請求の方法などは、違法・有害情報相談センターで受け付けています。

総務省のインターネット上の違法・有害情報に対する対応（プロバイダ責任制限法）

違法な情報

権利侵害情報
○○はヤブ医者である（名誉毀損）
海賊版サイト（著作権侵害）

その他の違法情報
児童ポルノ・わいせつ物
麻薬・危険ドラッグの広告

違法ではないが有害な情報

公序良俗に反する情報
死体画像（人の尊厳を害する情報）
自殺を誘引する書込み

青少年に有害な情報
アダルト、出会い系サイト
暴力的な表現

国による制度整備

プロバイダ責任制限法
● 権利侵害情報に関して、プロバイダが情報の削除を行わなかった場合・行った場合のそれぞれについて、**プロバイダの損害賠償責任の免責要件**を規定
● 権利侵害情報に関して、プロバイダが保有する**発信者の情報の開示**を請求できる権利を規定

事業者団体による自主的取組

契約約款モデル条項
● 誹謗中傷の書込み等を**禁止事項**とし、これに反する場合の**削除等**を規定する利用者との約款のモデルを提示

関係ガイドライン
● 具体的に削除すべき事例や参照すべき裁判例を示した各種ガイドラインを作成

相談への対応　➡　違法・有害情報相談センターの設置・運営
● インターネット上に流通した違法・有害情報による**被害の相談**を受け付け、**具体的な削除要請の方法等をアドバイス**

出典：総務省
https://www.soumu.go.jp/main_sosiki/joho_tsusin/d_syohi/ihoyugai.html

（7）いじめを防ぐためのアクティブラーニング

　いじめをなくすための対処方法として、誰でも簡単に被害者にも加害

者にもなりえるということを、児童生徒がみんなで「相手の立場になって考える」アクティブラーニングを行うことも一つの教育方法です。「いじめ役」「いじめられ役」「いじめ役の友だち」「いじめはダメだと考える子ども」など、それぞれの役割を割り当て、適切に対応することを学ぶロール・プレイングや、何人かのグループである事例をテーマにして話し合うグループワークなどがあります。

アクティブラーニングの例

> 　クラスメートのA君がC君の上履きを下駄箱から取り出してゴミ箱に捨てる短い映像をB君がアップしたとします。A君はひどい奴だと情報が広がり、瞬く間にネットで炎上しました。

　A君がC君をいじめたように見えますが、A君はそうしたかったわけではなく、本当は誰かにいじめられて強要されたのかもしれません。

　背景の事情までは短い映像からは読み取れません。ネットの切り取られた情報では本当のことはわかりづらく、背景まで想像する必要があることまで考えさせる教育も必要です。事情を知らない人がこれを見たらどう思うだろうかと想像する力を養うことも必要です。

　「自分がいじめられたら、どういう気持ちになるだろうか」「加害者にならないためにどうしたら良いだろうか」など、みんなで意見を出し合って考える教育がいじめを防ぐことにつながります。

（8）さまざまな相談先
○法務省
・みんなの人権110番

　0570-003-110　平日8時30分から17時15分まで（全国共通）

※最寄りの法務局・地方法務局につながります。

・インターネット人権相談受付窓口

https://www.jinken.go.jp/

・子どもの人権 110 番

0120-007-110　平日 8 時 30 分から 17 時 15 分まで（全国共通）

※子どもの人権問題 SOS ミニレター（手紙による相談）を希望する
場合もここに電話をして用紙をもらいます。

○文部科学省

・24 時間子供 SOS ダイヤル

0120-0-78310　24 時間 365 日対応

○総務省

違法・有害情報相談センター

https://ihaho.jp

○一般社団法人セーファーインターネット協会

https://www.saferinternet.or.jp

・誹謗中傷ホットライン

https://www.saferinternet.or.jp/bullying

・セーフライン（違法・有害情報の通報窓口）

https://www.safe-line.jp/report/

第④節　インターネットを利用するときのマナー

（1）相手の顔が見えない

　インターネットの特徴の一つに非対面があります。人と上手に会話ができなくても、匿名と非対面ならば思ったことを自由に話せるという子どもは多くいます。理想の自分になりきって実際と違うことを書いているうちに、小さな嘘を繰り返し現実とフィクションの区別がつかずに善悪のハードルが低くなってしまう危険も起きてきます。

　面と向かっては絶対言えないようなことでも、ネットでは非対面なので、つい「思ったことをそのまま」「日記を書くように」書いてしまいがちです。また、自分の個人情報だけでなく他人のことも躊躇なく書いてしまうこともあります。

　その結果、友だちとケンカになったり、いじめの被害者・加害者になったり、犯罪に巻き込まれることさえ起きています。

　インターネットの世界は、家の外と同じだということと、顔が見えなくても、直に触れる距離にいなくても、対話をしているのは、自分と同じ人間であるという自覚を持って接することが大切です。言葉だけでは、冗談か本気か伝わりにくいので、わかるように丁寧に書く必要があります。

（2）「カワイクナイ」はほめことば？

　仲良しのサキちゃんから「ウサギのぬいぐるみ」をプレゼントされたので、みんなに「かわいくない」とメールして、サキちゃんとケンカになってしまいました。

文字だけの場合、「かわいくない」という表現は、「かわいくない？」（かわいいと思いませんか？）「かわいくない！」（かわいいと思っていない）という二つの意味にとれます。

同じように「やばい」という表現は、「やばい！」「やばい？」「やば〜い（笑）」「やばい（怒）」など何通りもの意味に使われます。

対面の場合は、話し方や声の調子、顔の表情などから、喜んでいるのか、悲しんでいるのか、本気か冗談かなどがわかりますが、メールやSNSの書き込みなどは短い文章で表現するため、誤解が生じやすくなります。

文字の変換ミスによって誤解が生じることもあります。スタンプや絵文字は誤解を解く役割を果たしている面もあります。

文章の最後に「誤解させたらゴメン」「楽しかった」「よかった」「ありがとう」「感謝」などの気持ちを追記することで誤解を避けることができます。文章を書くときは、「その言葉、自分だったらどう受け取るか」ということを意識して、受け取る相手の気持ちになって書くことが大切です。

（3）24時間拘束される

小中学生に人気のSNSでは、クラブ活動のグループや同じクラスの仲良しグループなど、グループをつくってその中で複数のメンバーとやりとりをする傾向があります。学校で話をした友だちと家に帰ってもSNSでやりとりが続き、24時間スマホを手放すことができない生活を送る子どもが増えています。

　LINE には「既読」表示があり、メッセージを相手が読んだかどうか
わかるため、すぐに返信をしないと「誠実でない」とか「無視をした」
などと悪口を言われるのではないかと不安になり、「仲間はずれになり
たくない」という強迫観念から、夕飯を食べているときもお風呂に入る
ときもスマホを手放すことができない現象も起きています。延々と続く
やりとりが深夜まで続き眠くなっても途中退出できず、「寝落ち」と言
われるインターネットに接続したまま寝てしまう子どももいます。

健康への影響も懸念される

　24 時間スマホに縛られる生活は、睡眠不足による健康状態の悪化や
学業の不振、無気力などの症状が現れるケースもあります。
　スマホから発するブルーライトという光は太陽光に多く含まれる光の
要素で、昼と夜の時間を切り替えをする役割がありますが、医療従事者
や教育者などからはスマホを長時間利用することは、日中の時間に多く
浴びるブルーライトを受けることによって体内時計が狂い、夜になって
も眠れないなどの睡眠や情緒に悪影響を与えることを危ぶむ声がありま
す。

（4）リアルもネットもマナーは同じ

　インターネット（ネット）につながった向こう側にも人間がいて、さ
まざまな考え方、習慣を持つ人々が利用しています。リアルな世界で人
をだましたり傷つけたりしてはいけないように、ネットの世界でも人の
悪口の書き込みや、他人の写真を勝手に投稿するなどの行為をしてはい
けません。やってはいけないこと、アプリやサイトの利用規約を読むこ
と、マナーを守ること、他人を傷つけないことなどは、ネットの世界で
もリアルと同じマナーです。

ネットでは顔が見えないので、なおさら慎重なつきあいが必要です。

（5）スマホ利用のルールをつくろう

　ネットのルールやマナーを守るためには、スマホの利用方法を決めることが大切です。「スマホをどのように使うか」について、家族でよく話し合って決めましょう。そのときは、子どもの意見を尊重しながら、子どもが自分でルールをつくるようにサポートをすることが大切です。

　家族で話し合って、子どもが自分でつくったルールの例を紹介します。

・スマホの利用時間は１日に○時間までにする。休みの日やお正月などの特別な休日は家族と相談して長くしてもらう。

・食事中やお風呂に入るときはスマホを手元におかない。

・夜９時からはスマホを見ないようにすることを友だちと決める。

・勉強中に友だちからメールが届いたら、「後で返信する」とだけ返事をして、勉強を中断しない。

・友だちとSNSをするときは、家族のことをむやみに書かない。

・友だちの写真や動画なども本人に無断では投稿しない。

・ネットで親しくなった人に、実名や住所、学校名などは教えない。

・ネットで親しくなった人とは直接会わない。どうしても会う必要があったら親や先生に相談する。

・フィルタリングは勝手に外さない。利用範囲を決めたなかで、スマホを勉強や趣味のことなどで楽しく使う。

・それでも、もし困ったことがあったら、親や先生に相談する。

| コラム | 歩きスマホ、自転車スマホの危険性

　歩きスマホや自転車スマホの事故が増えています。
　2018年７月には東静岡駅で中学３年生の男子生徒がスマホの画面

に気を取られてホームから足を踏み外したところに電車がきて命を落とすという悲しい事故が起こりました。また、自転車に乗りながらスマホを操作していて、高齢者とぶつかり相手を死亡させてしまった事故もあります。

　IPA（独立行政法人情報処理推進機構）の「2019年度情報セキュリティに対する意識調査」報告書（2020年3月）によると、歩きスマホ・自転車スマホの経験の割合が10代（47.2％・51.5％）20代（35.6％・47.0％）30代（37.3％・48.1％）となっています。

　2020年7月には、神奈川県大和市や東京都足立区が「歩きスマホを禁止する条例」を制定しました。また、携帯各社やセキュリティ会社も、歩きスマホを感知すると警告画面が出るアプリの無料提供や販売をしています。自転車事故への対応として、自転車保険の加入を義務付けている自治体も多くあります。やむをえずスマホを操作する場合には、必ず立ち止まり、他の通行の妨げにならないような場所で、自分やまわりの安全を確認したうえで、使用することが大切です。

第2章　インターネットのなかのさまざまな危険

第❶節　他人のものを勝手にアップしたら

（1）著作権法違反

> 　中2のA君は、好きな歌手Bのライブ映像をネットで見つけてスマホにダウンロードして、歌手Bのファン仲間に見せたいと思ってSNSに繰り返しアップしました。

　最近は、子どもが遊ぶ写真や動画、動物の動画などをYouTubeやInstagram、ブログなどのWebサイトに投稿（アップロード）することが人気です。

　しかし、なかには人気漫画のキャラクターのイラストやアーティストのライブ映像のDVDなど、他人がつくったものを自分のYouTubeに気楽にアップロードする子どももいます。

　創作された漫画やイラスト、音楽などを、「著作物」と言い、それをつくった人を「著作者」と言います。著作者の許可なく勝手にSNSなどにアップロードすることは、著作権法に抵触する行為です。

　著作権法違反の場合、懲役・罰金刑に科せられます。未成年者でも著作権法違反を問われ、著作者から損害賠償請求を受ける可能性もあります。

　著作権を守ることは、著作物が利用されるときに著作者たちに正当な対価が払われることによって、著作者たちの今後の創作活動を支え、文化全体の発展につながります。利用規約などで著作権に関するポリシー

（指針）を確認するなどして、他人の著作物を勝手に使ってはいけないことを学びましょう。

　また、違法コンテンツなどを違法だと知りながら動画等をダウンロードすることも処罰されることがあります。著作権も含めた知的財産権の保護も必要です。

知っておきたい法律｜著作権法

　音楽、漫画、書籍、映像小説、美術、映画、講演、舞踊、絵画、写真、コンピュータプログラムなどの作品を著作物と言います。著作権とは、著作物を創造した人（著作者）やその権利を持っている人が著作物の利用などを許諾したり拒否したりできる権利のことです。著作権法は、文化的所産の公正な利用と著作者の権利の保護を目的としています。

　著作者の権利（著作権）には、著作者人格権と著作権（財産権）があります。

　第三者が許可なく勝手に著作物をインターネット上で公開すると、著作権法違反となり、刑事罰として10年以下の懲役、若しくは1,000万円以下の罰金が科せられるか、あるいはその両方が科されます。

　例外として、個人や家庭内など限られた範囲で私的に使用する場合（第30条）や図書館等で調査研究のために本の一部分をコピーすること（第31条）があります。

　著作権を侵害する投稿が行われると、インターネットの特性上、被害が拡大する傾向があります。そのため被害を防止するための法改正が行われ、2020年6月に公布されました。

（2）自分が使うだけなら大丈夫？

　「テレビ番組をビデオ録画して、後から自分の部屋で見る」「図書館の本の一部を自身の資料としてコピーする」「学校の音楽祭で人気アイドルの曲を歌うこと」なども著作権法に違反しますか？

　著作権法には、私的使用のための複製、教育機関での複製等、営利を目的としない図書館などでの複製などは、原則、著作権法を適用しないという規定があります。

　つまり、個人的または家庭内など限られた範囲内で使用する場合や図書館で本の一部分を一部につきコピーを取ることは、著作権法に抵触しません。

　また、著作権法では、複製だけでなく、著作権者の許諾なく著作物を利用する場合でも、著作権者に与える不利益が少ないと考えられるものに限り、「権利制限規定」として利用できるとしています。具体的には、報酬を受けずに無料コンサートで他人の曲を演奏する場合などで、学校の文化祭や音楽会などで生徒たちが他人のつくった曲を無許可で演奏できるのはこれにあたります。

　これらの場合はあくまでも「例外」で，利用する側に「利用できる権利」を与えているものではありません。

（3）リーチサイトの利用は犯罪の入口

　違法にアップロードされた人気の漫画へのアクセス先を紹介するリーチサイトを見つけました。そこに表示されたリンク先のURLから漫画をダウンロードしました。

　上記の例は著作権法違反になります。

　「リーチサイト」とは、著作権者の許諾なく違法にアップロードされた海賊版コンテンツを複製又は視聴できるリンク先をまとめたサイトです。リーチアプリもあります。

　ネット上には多数のリーチサイトやリーチアプリなどがあり、著作者、創作者などのクリエーターやコンテンツ産業に多大な損害が生じているという実情があります。

　こうした背景を受けて、2020 年 6 月に著作権法の改正されました。大きな改正点は、以下のとおりです。

①リーチサイト対策

　悪質なリーチサイト・リーチアプリの運営行為、リーチアプリ提供行為を、刑事罰の対象としました。また、リーチサイト・リーチアプリに違法コンテンツの URL などを提供する行為について、差止請求権や損害賠償請求に係わる規定を設け、刑事罰の対象としています。

②侵害コンテンツのダウンロードは違法

　違法にアップロードされた著作物のダウンロード規制（私的使用目的でも違法）については、対象が音楽・映像から著作物全般（漫画・書籍・論文・コンピュータプログラムなど）に拡大されました。

　ただし、ユーザーの正当な情報収集の萎縮防止の観点から、処罰対象を、違法にアップロードされたことを知りながらダウンロードする場合に限るとともに、音楽と映像を除くコンテンツのダウンロードでは、①軽微な場合　②二次創作、パロディ（替え歌、もじり）③著作権者の利益を不当に害しないと認められる特別な事情がある場合は、法の規制対象から外れました。

軽微なものの例

　・数十ページで構成される漫画の 1 コマ〜数コマのダウンロード
　・長文構成の論文や新聞記事などの 1 行〜数行のダウンロード

・数百ページ構成の小説の1ページ～数ページのダウンロード

・サムネイル画像（注）のダウンロードなど

（注）サムネイルとは、中身を開かなくてもわかる縮小画像のこと。

（4）肖像権

> ・友だちと2人で「変顔」をして撮った写真を、勝手にSNSにアッ
> プされてケンカになりました。
> ・自分が映った写真を友だちが勝手に他の人に広げました。

　本人に無断で写真をネットにアップすることは、不快な気持ちになる
だけでなく、私生活上のプライバシーを勝手に公開され、権利の侵害に
なります。プライバシーが拡散することにより事件に巻き込まれる可能
性も生じます。

　自身の容姿をみだりに撮影されないことや、撮影された写真を勝手に
公表されない権利のことを「肖像権」と言います。

　法律で明文化されている訳ではありませんが、近年、SNSの普及に
よって注目されるようになった権利で、判例の積み重ねによって確立し
つつある新しい考え方です。

　肖像権は、人格権（プライバシー）と財産権（パブリシティ）の2つ
の観点で議論されます。タレントやスポーツ選手などの著名人は、有名
人であるがゆえにプライバシーへの保護は制限されますが、名前や肖像
によって経済的な利益を得る財産権（パブリシティ）は保護されるべき
であると考えられています。

　一方で、一般の人は名前や肖像などの財産権（パブリシティ）は緩や
かですが、プライバシーの侵害は重大な権利の侵害であると主張するこ
とができます。

　親しい友だちであっても、撮影したときには、撮影したものをネット上に公開しても良いかどうか確認することが大切です。

第❷節　軽い悪ふざけがもたらすもの

（1）バトンは転送しないで

> 　地元紹介のバトンです。地元のいいところを教えてね。行きたいところがみつかるかもよ。質問①住んでる都道府県は？②住んでる市町村は？③地元のいいところは？④地元で好きな場所は？⑤地元は賑やか、静か？⑥地元の特徴を漢字1字にすると？

　バトンとは、特定のお題に沿って作成された質問集に対して自分の回答をSNSやブログなどに掲載し、リレー競技のバトンのように友人や読者に回していく遊びです。

　チェーンメール風の公開アンケートのようなもので、回された人が実行するかどうかは自由ですが、回す場合は質問に答えて別の誰かに回すのが基本です。現在はバトン専門のサイトもあり、自分が知りたい情報を集めるコミュニケーションツールとして利用している若者もいます。

　事例のような質問なら問題にならないと思いがちですが、答えた内容や答え方によっては個人情報が特定されたり、誹謗・中傷を受けることもあります。バトンの中でも、SNSの訪問履歴機能をたどると、誰が質問に答えずバトンを回さないかすぐわかると思いこませて強制的にバトンを回そうとする「地雷バトン」と呼ばれる質問集もあります。

　バトンやチェーンメールは、回答しない、転送しないように気をつけましょう。

○迷惑メール相談センター（一般財団法人日本データ通信協会）

　https://www.dekyo.or.jp/soudan/

　03-5974-0068

　※転送の場合は、スクショやコピー等で送る。

（2）デジタルタトゥーのこわさ

> 「ゴミ箱に捨てたものを拾ってまな板に載せて調理する動画」「飲食店の調理場でふざけている動画」などが、ネット上でアップされていますが、どのような影響がありますか。

　外食店やコンビニエンスストアなどで働くアルバイトなどの従業員が、不適切な動画や映像を SNS に投稿し炎上することを「バイトテロ」と言います。Twitter では「バカッター」、Instagram では「バカスタグラム」などと呼ばれることもあります。

　ネットでひとたび炎上すると、アップした本人が特定され、本人の情報から家族まで特定され、関係者の個人情報までネット上に公開されることがあります。ひどい場合には、家族も誹謗・中傷され退職にまで追い込まれた事例もあります。

　一旦インターネット上に書き込まれた情報は、拡散してしまうと容易に消去することができず半永久的に残り続けるという意味で、デジタルタトゥーと呼ばれています。刺青（タトゥー）は消そうとしてもきれいに消し去ることができないことになぞらえた造語です。

　投稿する本人たちは、仲間内だけのコミュニケーションとしてウケ狙いの軽い悪ふざけのつもりでも、ネットに刻まれた情報によって、将来

にわたって苦しむ可能性があります。特に、就職や転職、結婚などの人生の節目のときに、過去のネットでの不祥事を掘り起こされてチャンスを失う可能性も否定できません。

　めまぐるしい現代社会では、年月がたつと人々の記憶から忘れ去られる日もきますが、ネット上では何年経っても情報が消えず、その気になって探すと見つかります。軽い気持ちで行った短時間の悪ふざけがもたらす代償は甚大です。

コラム　拡散と炎上のこわさ

　仲間内のコミュニケーションに利用されている人気ツールにInstagram のライブ配信機能「ストーリーズ（Stories）」があります。これは 24 時間で履歴の消える短時間動画なので、内輪の悪ふざけくらいなら鍵付き（公開範囲限定）でアップロードしても大丈夫と思いがちですが、面白いと思った仲間が他の SNS に転載する可能性もあります。

　アカウントに鍵をかけていても、他人が転載できないよう設定していても、別なアプリを使えば、電子データを保存、転載ができるので拡散することが可能です。

　過去に出た動画が再び掘り起こされて炎上する場合もあります。また、店名も書かず、マスクで顔も隠しているからわからないと思いがちですが、炎上すると、閲覧している本人を知っている人やマスコミの取材などから本人が特定されることが多いのが実情です。

（3）チートで逮捕されることも…

> 友だちがゲームの有料アイテムを次々と手に入れているので「どうしてなのか」聞いたら、専用ソフトを使うとアイテムを無料にできると教えられました。

　チート（Cheat　いかさま）と言って、不正なプログラムを使ってゲームを書き換える犯罪行為が10代を中心に若者の間で起きています。オンラインゲームの有料アイテムを無料化したり、アイテムの武器を極端に強くしたり、ゲームの結果を偽装したりして自分に有利になるような細工をしています。

　動画投稿サイトなどでチートの方法が公開され、またチートを代行する業者もいますが、健全なネット利用に反する行為であり、利用規約違反や、ときには違法になる場合もあります。

　実際に、電子計算機損害等業務妨害容疑で書類送検された高校生や、著作権法違反で逮捕された男性もいます。ゲーム運営会社からはアカウント停止にされて遊べなくなるだけではなく、損害が発生したとして損害賠償を求められる可能性もあります。

　チート行為だけではなく、チートを可能にするプログラム等を提供する行為でも犯罪になります。

　オンラインゲームのアイテムやアカウント、ゲーム内通貨などを現実のお金で売買する行為も問題になっています。これらの行為をRMT（Real Money Trade リアルマネートレード）と言い、利用規約違反でアカウントがはく奪されることもあります。RMTを禁止した法律はありませんが、国内のほとんどのオンラインゲームでは、利用規約でRMTを禁止しています。

　また、RMTで不正に取得したアイテムをさらに別なRMTで販売し

たり、詐欺的な意図で RMT を利用するなどの悪質なケースもあります。RMT にかかわることにより犯罪に巻き込まれる可能性も高いと言えます。

〈サイバー犯罪に係る相談先〉
○都道府県警察本部のサイバー犯罪相談窓口一覧
　　https://www.npa.go.jp/cyber/soudan.htm

第❸節　副業サイト、こづかい稼ぎの落とし穴

> 　インターネットの副業サイトで、簡単な荷物受取代行のアルバイトを見つけました。「アルバイト登録のために身分証明書が必要」と言われて電子データで身分証明書を送ったら、自分になりすまして自分名義のスマートフォンを複数台契約されていました。

　この事例の若者は、自宅宛に届いた荷物をそのまま指定された住所に転送して、わずかなバイト代を得ました。数か月後に、携帯電話会社から通信料金とスマホ代金の高額請求をされ、初めて、アルバイト先に提出した身分証明書を使って自分名義のスマホを契約されていたことに気づきました。携帯電話会社に無断で、自分名義のスマホを他者に売り渡す行為は、携帯電話不正利用防止法で犯罪行為になります。騙されたと主張しても、若者が携帯電話会社を騙したことになり、高額な請求は免れません。

　ネット上には、さまざまな「副業」情報があふれています。試しに「副業」と検索すると、実に多くのアルバイト情報があります。普通の

アルバイトだけでなく詐欺的なアルバイトなども混在しています。SNSにも、怪しい儲け話をやりとりするコミュニティがいくつも存在しています。振り込め詐欺の「受け子（末端のお金の受取人）」もネットで募集して集めたアルバイトと言われています。

　世の中にうまい話はありません。安易に加担すると、自分の一生を棒に振ることにもなりかねません。アルバイトであっても相手の会社情報を別な検索サイト等で調べて、自分の個人情報（身分証明書等）を提出しても本当に信頼できる会社か慎重に確認することが大切です。

知っておきたい法律 携帯電話不正利用防止法

　正式な法律名は「携帯音声通信事業者による契約者等の本人確認等及び携帯音声通信役務の不正な利用の防止に関する法律」です。いわゆる振り込め詐欺などで携帯電話を不正に利用されることを防止するために定められた法律です。

　通信事業者（MNOやMVNO）や媒介取次業者、貸与・レンタル等の業者などは、携帯電話契約をするときに本人確認を義務付けています。

　契約者には、①本人特定事項（氏名、生年月日、住所）について虚偽申告してはならないこと　②事業者の事前の承諾を得ずに通話可能な携帯電話等を譲渡してはならないこと（親族等を除く）③匿名の者に対する携帯電話等のレンタル営業をしてはならないことなどが義務付けられています。

　法律に違反した場合は罰則があります。

第❹節　危険なサイトやウイルスの被害にあったら

（1）架空請求ってなあに

〈事例1〉　SMSに身に覚えのない請求

　「有料動画サイトの料金が未納です。至急連絡ください。連絡なき場合は法的措置を取ります」「無料期間が経過しましたが、退会手続きがされていません」「訴訟手続きを開始します」「端末情報が登録されました」と覚えのない利用料金の請求がSMS（ショートメールメッセージ、電話番号のメール）が高校生でも届くことがあります。

架空請求は「情報料の請求」「有料動画サイトの未納料金」といった誰にでも当てはまりそうなあいまいな表現を用いています。

　メールには、「すぐ」「至急」「最終」「料金を払わなければ取り立てに行く」「裁判を起こす」など不安を煽る言葉が多く見られますが、相手方業者は送付先の個人の住所や名前はわからずに、不特定多数の電話番号にSMSを送っているケースが大半です。

　覚えがないので確認しようと思い記載された電話番号に連絡すると、「調べる」と言って、氏名や生年月日など個人情報を聞き出されます。連絡して相手の要求に応じると、だましやすい「カモ」になり、さらなる架空の請求が続く恐れがあります。

　原則は、無視して、消費者ホットライン（188）や、近くの消費生活センターに相談しましょう。

　また、他にも次のような手口もあります。

① 宅配業者をかたって「お荷物のお届けにあがりましたが不在のため持ち帰りました。ご確認ください。http://・・・」

② 大手通販サイトをかたって「アカウントの情報を更新する必要があります」「お客様の決済に異常ログインの可能性があります。ウェブページで検証お願いします。http：//・・・」

③ 銀行をかたって「○○銀行より大事なお知らせ【○○銀行】セキュリティ強化のため、本人認証する前にお客様の口座は一時利用停止となり、本人認証の設定：http://・・・」

　上記のような詐欺被害につながるメールがSMSでスマホに送信される例が増えています。

　フィッシングなどによる個人情報の搾取や、不正アプリをダウンロードさせてログインIDやパスワードなどの認証情報を搾取し、それらの不正行為で盗み出したユーザーの携帯電話番号などを悪用して、他者へ

同じような詐欺につながる SMS を発信したり不正なキャリア決済利用などをします。これらの不審なメールなどにも絶対にアクセスしないでください。

　架空請求の手口は、次々と新たなものに変わるという特徴があります。確認をするためには、書かれた URL を安易にタップせずに公式サイトで確認しましょう。

〈相談先〉

○消費者ホットライン（局番なし 188）

○警察相談専用電話（＃ 9110）

○情報セキュリティ安心相談窓口

　　（独）情報処理推進機構（IPA）

　　　　https://www.ipa.go.jp/security/anshin/index.html

○フィッシング対策協議会

　フィッシングメール（サイト）の報告　info@antiphishing.jp

イメージ図

〈事例２〉 「18歳以上」をタップで高額請求

> スマホでアダルトサイトの「18歳以上」をタップしたら「登録完了、年会費30万円を5日以内に払ってください」と書かれた画面になりました。請求画面に「間違えた方はこちら」とバナーがあったので押したところ、相手方に電話がつながって、「3日以内に払わない場合は料金が50万円になり、告訴する場合もある」と言われました。

　アダルトサイトにアクセスしただけなのに、契約が成立したとして、代金を請求する手口です。サイトの画面に有料であることの記載がない場合は、契約の内容を理解して同意をしたわけではないので、契約は成立していないと考えられます。自分から相手に電話をしたりメールを出したりアクセスしない限りは、相手方には、個人情報はわかりません。プロバイダや携帯電話会社が不当請求業者に個人情報を開示することもありません。

　連絡をしないことが大切です。

　万が一、電話やメールをしてしまい、相手から請求の電話等があった場合は、スマホの着信拒否、メール受信拒否機能等を利用して情報を遮断しましょう。

（2）恐ろしいコンピュータウイルス・マルウェア

　コンピュータに悪い影響を与える、悪意を持ったプログラムのことをマルウェアと言います。コンピュータウイルスという言葉をよく耳にしますが、コンピュータウイルスはマルウェアの一種です。次々と新種のマルウェアが出てきていますが、代表的なマルウェアを紹介しましょう。

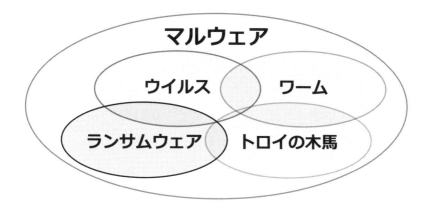

ウイルス

　コンピュータの中のプログラムの一部を書き換えて、他のコンピュータを感染させながら自己増殖するタイプの不正プログラムです。宿主となるファイルに自分の分身をつくって増えていく様子が病気の感染症に似ているため、ウイルスと呼ばれます。

ワーム

　独立したプログラムであり、自身を複製して他のシステムに拡散する性質を持ったマルウェアです。ウイルスのように他のプログラムに寄生せず、単独で存在可能なことから、ワーム（虫の意味）と呼ばれます。

トロイの木馬

　無害の画像ファイルや文書ファイル、スマートフォンの役立つアプリなどを装って、コンピュータ内部へ侵入して潜んでいます。外部からの命令により潜伏先の端末を自在に操るマルウェアなので、ギリシャ神話になぞってトロイの木馬と呼びます。

　トロイの木馬に感染すると、自由にコンピュータにアクセスされバッ

クドアという秘密の扉がつくられます。攻撃者はそのバックドアから自由にコンピュータに侵入でき、個人情報や機密情報などにアクセスできるようになります。トロイの木馬は無害なアプリケーションを装いつつバックドアの構築などを行いますが、トロイの木馬に限らず、コンピュータへの侵入を許せば、他のマルウェアでも同様の被害は起こりえます。

ランサムウェア

「Ransom（身代金）」と「Software（ソフトウェア）」を組み合わせてつくられた名称で、「身代金要求ウイルス」とも言われています。コンピュータやスマートフォンなどモバイル端末をロックして操作できなくしたり、文書や画像などのファイルを暗号化して開けなくするマルウェアです。感染すると、端末の操作やファイルを開けることができるようにするための金銭を要求されます。身代金を支払うと再びアクセスできるようになる場合もありますが、保証はされません。

第5節　子どもを有害サイトから守るために

（1）有害サイトやマルウェアの感染から守る

ネット上には、多種多様なサイトが存在し、有益な情報と有害な情報が混在しています。有害サイトから子どもを守るには、子どもたちの使う端末をウイルスやマルウェアに感染させないこと、閲覧するサイトを年齢に応じたサイトに絞る（フィルタリング等）などの対策が重要です。

スマホなどの端末がコンピュータウイルスなどのマルウェアに感染するきっかけは、次のようなものです。

① 送られてきたメールの添付ファイルを開く
② アダルトサイトや興味を引く動画サイトの URL をタップ
③ 興味を引く広告から誘導されるサイトへアクセス（に忍ばされた不正プログラム）
④ メッセージアプリで友だちになりすました者からメッセージに記載された URL をタップ

　これらをすると、怪しいサイトの閲覧や不正なソフトやアプリのインストールにつながっていきます。

（2）さまざまな対策

　子どもが使用する端末（スマホやタブレットなど）がコンピューターウイルスやマルウェアの被害を受けないようにするには、次のような対策を講じることが必要です。

① フィルタリングなどの違法なサイトへのアクセスをブロックする機能を有効に活用する。
② OS や使用しているアプリを常に最新にアップデートしておく。
③ 使用する端末（スマホやタブレットなど）がウイルスやマルウェアに感染しないように最新のセキュリティソフトやウイルス対策ソフトを入れ、常にアップデートする。

具体的な方法は、次のとおりです。

フィルタリング

　フィルタリングとは、害虫の侵入を防ぐ網戸のようにフィルターをかけるという意味です。インターネット上のフィルタリングは、子どもが危険なサイトを閲覧できないように、閲覧可能なサイトや内容を制限することです。

2008年6月に成立した「青少年が安全に安心してインターネットを利用できる環境の整備等に関する法律」により、青少年をネットによるさまざまなトラブルから守るために、保護者は18歳未満の子どもがスマホを使用する場合は、スマホ購入時に携帯電話会社に年齢を伝える義務があります。

　フィルタリングの主要な方式としては、ホワイトリスト方式とブラックリスト方式があります。

　ホワイトリスト方式（携帯事業者提供リスト方式）は、一定の基準を満たしたサイトのみをリスト化し、それ以外のサイトのアクセスを制限する方式です。安全ですが、リストにないサイトは閲覧できません。

　ブラックリスト方式（特定分類アクセス制限方式）は、特定のカテゴリーに属するサイトへのアクセスを制限する方式です。カテゴリーに分類したサイトを一律的に制限するため、健全な運営を行うサイトもそのカテゴリーに入っていると閲覧できません。

	ホワイトリスト方式	ブラックリスト方式
アクセス可能なサイト	子どもにとって有益と思われる優良サイト	すべてのサイト
制限サイト	優良サイト以外すべて	自殺、薬物、出会い系、ギャンブル等子どもに有害と思われるサイト
お勧めの年齢	小学生	中学生、高校生

　ブラックリスト方式では、閲覧を制限する対象を子どもの理解度・成長度にあわせてカスタマイズ（設定内容を変更）できます。制限対象の分類に入っていても、特定のサイトをアクセス許可したり、制限したりできます。

　子どもに「友だちとのコミュニケーションができない」「YouTubeを見たい」などと言われて、保護者がフィルタリングをすべて外してしまう場合がありますが、それは危険です。

　フィルタリングをかけずにスマホを持たせるということは、自死や薬物に関する情報にも触れることができるということです。

　子どもを守るために、フィルタリングは残したままで、子どもが見たいサイトやなぜ見たいのかなどを子どもと一緒に話し合い、保護者がカスタマイズして必要なものにだけアクセスできる（アプリだけ使えるようにする）よう、制限内容の設定を変更しましょう。

携帯電話会社の「あんしんフィルター」

　現在、大手携帯電話会社（NTT ドコモ、KDDI、ソフトバンク、ワイモバイル、UQ モバイル）などでは名称や統一アイコンを利用した「あんしんフィルター」という無料アプリを提供しています。

　3 社の「あんしんフィルター」の URL は以下のとおりです。

NTT ドコモ

　https://www.nttdocomo.co.jp/service/anshin_filter/

KDDI

　https://www.au.com/mobile/service/smartphone/safety/anshin-access/

ソフトバンク

　https://www.softbank.jp/mobile/service/filtering/anshin-filter/

　楽天モバイルは、「あんしんコントロール by i- フィルター」というフィルタリングサービスを提供しています。

　フィルタリングのアプリは、携帯電話会社のサイトからダウンロードする方法や、店舗でスマホを購入するとき、店側がインストールする方法がありますが、「青少年が安全に安心してインターネットを利用できる環境の整備等に関する法律」の 2017 年の改正により、以下が定められました。

・携帯電話会社や販売店等は、契約締結時に使用者が青少年かどうかを確認する義務
・フィルタリングの必要性の説明義務
・フィルタリングを有効にする措置を講じる義務

ペアレンタルコントロール

　ペアレンタルコントロールとは、子どもたちがスマホなどを適切に利用するために、保護者（ペアレント）が一定の制限を施す機能のことです。

　特定のアプリや機能を使えなくしたり、使用できるアプリの年齢制限、利用時間の制限などを設けることができます。

　たとえば、子どもがモバイルゲーム機を使う場合、ネットに接続してゲーム以外のポータルサイトを視聴しないように Wi-Fi 接続を制限することができます。Google などの検索サイトでも検索で表示されるサイトをカテゴリーで制限することができます。

セキュリティソフト

　マルウェアやウイルスによるネットの犯罪は、年々巧妙化しています。無差別的に一斉に大量のスパムメールをばらまき感染させるタイプから、最近は感染すると PC やスマホのデータを暗号化して解除のための身代金を要求するランサムウェアやスパイウェアなど、標的型攻撃に変化しています。

　セキュリティソフトを入れると端末の動作が遅くなるので嫌う人もいますが、安全にネットを使うためにはセキュリティソフトを入れることが大切です。

　代表的セキュリティソフトには、Windows 標準 Defender、ESET、

カスペルスキー、ノートン、ウイルスバスター、マカフィー、アバスト、ZERO などがあります。

　マルウェア対策性能、動作の軽さ、ネットバンキング保護、フィッシング対策、迷惑メール対策、保護者向け機能、ID・パスワードの管理、盗難防止、不正サイトブロックなど各社それぞれ得手、不得手があります。

　子どものスマホには、保護者向け機能（ペアレンタルコントロール機能）やフィルタリング機能があるセキュリティソフトを選びましょう。また、セキュリティソフトを定期的にアップデートしましょう。

アプリの年齢制限 レーティング

　レーティングとは、「rate」という言葉からもわかるように「等級分けする」「評価する」という意味です。

　ネットの「レーティング」とは、ゲームや映画などを年齢ごとに区分けして、年齢に合わせた番組しか見られないように制限する制度のことです。映画やビデオなどで「18歳未満禁止」「○○歳以上推奨」などと表示されるのもレーティングです。

　分離するという意味で、「ゾーニング」とも言います。

　特定非営利活動法人コンピュータエンターテインメントレーティング機構（CERO）では、ゲームソフトの表現内容にもとづき、対象年齢等を表示する「年齢別レーティング制度」を設けています。

CERO レーティングマーク

年齢区分の対象となる表現・内容は含まれておらず、全年齢対象であることを表示しています。

12才以上を対象とする表現内容が含まれていることを表示しています。

15才以上を対象とする表現内容が含まれていることを表示しています。

17才以上を対象とする表現内容が含まれていることを表示しています。

18才以上のみを対象とする表現内容が含まれていることを表示しています。（18才未満者に対して販売したり頒布したりしないことを前提とする区分）

　CERO 倫理規定にもとづいて行われる審査により、それぞれの表示年齢以上向けの内容であることを色別の「CERO レーティングマーク」で示しています。

レーティングの対象となる表現項目

〔性表現系〕 キス、抱擁、下着の露出、性行為、裸体、性的なものを想起させる表現、不倫、排泄、性風俗、水着・コスチューム	〔暴力表現〕 出血描写、身体の分離・欠損描写、死体描写、殺傷、恐怖、対戦格闘・ケンカ描写
〔反社会的行為表現系〕 犯罪描写、麻薬等薬物、虐待、非合法な飲酒及び喫煙、非合法なギャンブル、近親姦・性犯罪等、売春・買春、自殺・自傷、人身売買等	〔言語・思想関連表現系〕 言語関連の不適切な描写、思想関連の不適切な描写

第3章　オンラインゲーム

（1）「無料」オンラインゲームのしくみ

> オンラインゲームは、ほとんどが「無料」と書かれています。どうして無料でできるのですか？

　オンラインゲーム事業者は、バナー広告などの広告収入や有料アイテム販売による収入などで経営をしていると言われています。

① 　ゲームをしていると、ネット画面の脇に表示されるバナー広告が目につきます。オンラインゲーム会社がサイトの一部に広告を出すスペースをつくり、その広告掲載料などにより「無料」でゲームを提供できます。

② 　ほとんどの人は「無料」の範囲でゲームを楽しんでいますが、ゲームに夢中になると、「他の人より早く強くなりたい」「みんなの注目を浴びたい」などの心理がはたらくようになります。その結果、「有料」のアイテムやキャラクターを購入することになるのです。

　なお、ゲームは利用規約に同意してアプリをインストールし利用するしくみになっています。「無料」であっても、利用規約は、必ず確認するようにしましょう。

（2）ゲームアプリをインストールするときの注意

　無料のゲームを Google Play や App Store などの公式マーケットからインストールするとき、利用規約として「以下の情報を取得すること（権限）」に同意を求められます。

　多くの人が利用規約の内容をざっと読むだけでインストールしている

と思いますが、例えば、以下のようなものが取得されます。

①ID　②連絡先　③カレンダー　④位置情報　⑤通話履歴　⑥画像・メディア・ファイル・端末上の画像・動画・音声などのファイルと外部ストレージ　⑦Wi-Fi接続情報

　ID、連絡先は、ゲームをするために登録する必要があります。

　位置情報は、協力して敵を倒す仲間が近くにどの程度いるかを確認したり、ポケモンGOのように、モンスターのいる場所に集まる人数をゲーム会社が把握する必要があるゲームと、位置情報の取得が必要ないゲームがあります。

　このようにゲームをするときは、さまざまな情報が自動的に取得されるしくみになっています。ゲームだけでなく、さまざまなアプリをインストールするときも利用規約に同意することが求められますが、その内容を読んで、自分の情報がどのような使われ方をされるのか理解を深めることが大切です。

（3）保護者が知らない間に買っているゲームアイテム

　夫のクレジットカードでオンラインゲーム会社からの引き落としがありました。サイバーテロではないでしょうか？

　子どもは、無料でオンラインゲームをしていても、次第に、強い武器などのアイテムが欲しいと思って、親のクレジットカードを使っていたということがあります。

　スマホの公式マーケットからゲームアプリをインストールしていた場合には、iPhoneはApp Storeから、アンドロイドはGoogle Playから、自動的に支払い画面に飛んで有料アイテムを購入し支払いをするしくみになっています。

App Store や Google Play は、代金支払い時にクレジット情報を入力します。すでに親がクレジット情報を登録している場合は、多くの場合、パスワードを入力するだけで購入できるようになっています。

　親（保護者）が子ども用のスマホに有料のセキュリティアプリなどを入れるときに、クレジットカード番号やパスワードなどを登録します。それをそのままにしていると、子どもは簡単にクレジットカードで有料アイテムを購入できます。

　親の承諾のもとで、子どもが親のスマホでゲームをすることもよくあります。親がパスワードをかけてクレジットカードを使えないようにしていたのに、知らないうちに子どもがパスワードを覚えていて、あっという間にクレジットカードの利用限度額まで使われたという例もあります。なかには、親のクレジットカードをこっそり使って有料アイテムを購入するケースもあります。

　また、支払いを携帯の通話料金とまとめて請求する「キャリア決済」にして、パスワード入力不要の設定にしていると、子どもはタップ一つで、簡単にゲームのアイテムを購入できます。

　実は、アイテムを購入するたびに、Apple や Google から課金の確認メールが届きますが、子どものスマホなら親はそのメールを確認できません。親のスマホの場合でも迷惑メールと思って確認をしないことがあります。

　モバイルゲーム機でも子どもが勝手に有料アイテムを購入するトラブルが起きています。

　多くのゲーム機では、13歳未満は子ども自身のアカウント（会員登録）をつくることができず、親のアカウントにひもづいているため、勝手にクレジット決済を選ぶことができません。しかし、子どもアカウントであっても、その都度、クレジットカード番号を入力する方法でクレ

ジット決済ができます。

　このような高額課金のトラブルを防ぐためにゲーム会社各社は、利用制限を設けています。たとえば、16歳未満は月額の利用限度額を5千円、16歳から19歳までは2万円としている会社もあります。

　親がとる対策としては、子どもに持たせるスマホにはクレジットカード情報を登録しないことや、登録するのであれば、利用を制限する「ペアレンタルコントロール」の設定や、セキュリティ番号（セキュリティコードなど）を設定する必要があります。

　パスワードは、子どもが類推しやすいものは避け、子どもに知られないようにすることが大切です。

スマホでクレジットカード決済ができないようにする方法

○ iPhone の場合

① 「設定」を開く

② 「iTunes Store と App Store」を開く

③ Apple ID をタップする

④ 「AppleID を表示」を選択する

⑤ iTunes Store にサインインする（サインインできない場合は Apple ID かパスワードが不明な場合がある）

⑥ 「お支払情報」を選択する

⑦ 「お支払い方法の種類」を「なし」にする

確認するには

① 「設定」を開く

② 自分の名前の部分をタップする

③ 「支払と配送先」が「なし」になっていれば、クレジットカード

決済等が元々できないように設定されている

○ Android の場合

① スマホホーム画面左上などの「☰（3本線)」を選択する

② 「お支払い方法」を選択

③ 削除したいクレジットカードを選択し、「削除」を選択

（4）保護者がパスワードをかける意味

パスワードとは、本人を証明するもので、家のカギのように大切なものです。カギをかけると、他人が家の中に無断で入ることを防げるように、子どもが親のパスワードを使ってゲームで課金をするのを防ぎます。高額な課金をされてから慌てるのではなく、スマホやゲーム機のアカウントにパスワードをかけて、子どもが勝手に使うことを未然に防ぐことが必要です。

パスワードは、子どもから聞かれても絶対に教えないこと、子どもが見えるところに置かないこと、パスワード入力するところを見られないような慎重さが重要です。

パスワードをかける方法

スマホで課金ができないようにするための、スマホ本体へのパスワードのかけ方は以下のとおりです。この設定をすると、iPhone やAndroid のスマホでアプリ内課金をするときに毎回パスワードを要求されます。

○ iPhone の場合

① 「設定」を開く

②　「自分の名前」をタップ

③　「iTunes と App Store」をタップ

④　「パスワードの設定」をタップ

⑤　「パスワードの設定」を「常に要求」に設定

　その他以下のようにアプリ内課金を拒否するさまざまな方法があります。

①　「設定」

②　「スクリーンタイム」

③　「コンテンツとプライバシーの制限」

④　「iTunes および App Store での購入」

⑤　「インストール」「App 内課金」等を「許可しない」に設定

○ Android の場合

①　Google Play ストアを開く

②　左上のメニュー「☰（3本線）」を選択

③　「設定」を開く

④　［購入時には認証を必要とする］を開く

⑤　「この端末での Google Play からのすべての購入」を選択（これにより、Google Play ストアでデジタルコンテンツを購入する際は毎回認証が必要になります。）

〈子どものオンラインゲーム高額課金を防ぐチェックシート〉

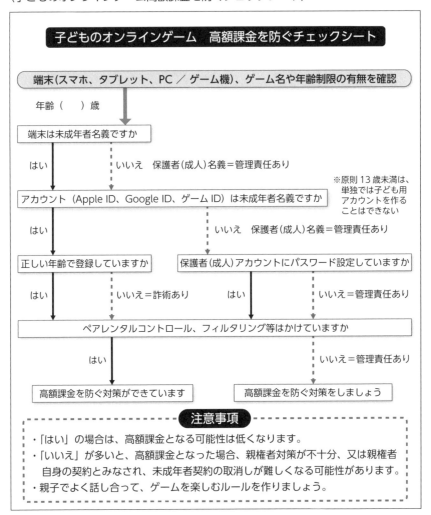

（5）未成年者契約の取消し

> 　子どもが、「20歳以上」をクリックして勝手に親のクレジットカードを使ってゲームのアイテムを10万円も購入していました。親は許可していないので支払いたくありません。

　この事例について、親はゲーム代金を払わなくても良いかどうか、考えてみましょう。

　民法の規定により、原則、一旦契約したものを理由なく取り消すことはできません。しかし、未成年者の契約は、成年者と比べると経験や知識、判断能力などが不足していることから、未成年者が一人で行った契約で不利益にならないように、保護者の同意なく行った契約は取り消すことができるという規定を設けています。

　「契約時の年齢が20歳未満であること」や「未成年者なのに成人などとウソを言っていないこと」などの要件に当てはまっていれば、未成年者契約の取り消しが可能になります。その場合は、保護者が未成年者契約の取消通知を相手方の事業者に出します。未成年者本人が取消通知を出す方法でも有効です。取り消しをすると、契約時にさかのぼって最初からその契約は無効になります。

　多くのゲーム運営会社は、利用規約に課金できる年齢制限を規定したり、年齢を確認する画面や「保護者の承諾の有無」の確認画面などを設けています。事例のように、子どもなのに20歳以上をクリックしたり、保護者名義でゲームを登録していたり、保護者がクレジットカードを子どもに日常的に使わせていた場合などは、保護者の同意があったとして、未成年者契約の取り消しが困難になるのが一般的です。子どもが高額課金をして困ったら、近くの消費生活センターに相談をしましょう。

なお、現在成年年齢は 20 歳ですが、民法の改正により、2022 年 4 月 1 日より成年年齢が 18 歳に引き下げられます。多くの場合、高校生で成人となり、未成年者取り消しができなくなるので、注意しましょう。

〈未成年者契約の取消し要件〉
　以下のすべてがあてはまると未成年者契約の取消しができます。
①契約時の年齢が 20 歳未満であること
②契約当事者が婚姻の経験がないこと
③法定代理人が同意していないこと
④法定代理人から処分を許された財産（小遣い）の範囲内でないこと
⑤法定代理人から許された営業に関する取引でないこと
⑥未成年者が詐術を用いていないこと
⑦法定代理人の追認がないこと
⑧取消権が時効になっていないこと

知っておきたい法律 | 民法（契約はいつ成立するの？）

　契約に関わる一般原則は、民法に定められています。
　契約は、「申込」に対する「承諾」で成立し、契約書をつくらなくても口頭だけでも成立します。
　たとえば、「アイスクリームをください」（申込）→「わかりました」（承諾）という両者の合意で契約が成立するのです。
　契約が成立すると「権利」と「義務」が発生し、一度契約したものを一方的に解約することができないのが原則です。
　インターネットの場合は、契約確認メールが申し込んだ人のメールサーバに読み取り可能な状態で届いたときに承諾となり、契約が成立します（注）。それ以降は、原則、取り消すことができません。

　契約確認画面をよく見て、おかしいと思ったらそれ以上進まないことが、トラブルを防ぐために大切です。

（注）「電子消費者契約及び電子承諾通知に関する民法の特例を定める法律」

　（2001 年 6 月公布）

知っておきたい法律　民法（未成年者契約に関する規定）

　成年年齢や法律行為について、以下のように定めています。

第 4 条（成年）

年齢 20 歳をもって、成年とする。

（2022 年 4 月 1 日より 18 歳に引き下げられる。）

第 5 条（未成年者の法律行為）

　未成年者が法律行為をするには、その法定代理人の同意を得なければならない。ただし、単に権利を得、又は義務を免れる法律行為については、この限りでない。

2　前項の規定に反する法律行為は、取り消すことができる。

3　第 1 項の規定にかかわらず、法定代理人が目的を定めて処分を許した財産は、その目的の範囲内において、未成年者が自由に処分することができる。目的を定めないで処分を許した財産を処分するときも、同様とする。

第 21 条　（制限行為能力者の詐術）

　制限行為能力者が行為能力者であることを信じさせるため詐術を用いたときは、その行為を取り消すことができない。

（6）保護者が同意で、思わぬ落とし穴

> ・中学生の子どもが、年齢を 20 歳と偽ってオンラインゲームをインストールして 20 万円の請求がありました。
> ・小学生の息子が、有料アイテムを購入するとき「保護者の同意を得ていますか」という質問の意味が理解できず、「はい」を押して購入していました。

民法第 21 条では、未成年者が年齢を偽るなどの詐術をした場合は、契約を取り消すことができないと定めています。

小学生などの未成年者が、書いてある項目の意味がよくわからず「はい」を押した場合は、詐術と言えるのでしょうか。

法律ではありませんが、関係する法律の解釈や考え方を示した「電子商取引及び情報財取引等に関する準則」というガイドラインでは、「単に『成年ですか』との問いに『はい』のボタンをクリックしたり、させる場合」を「詐術に当たらないと解される」との考え方を示しています。準則では、「未成年者が虚偽の生年月日等を入力したという事実だけでなく、さらに未成年者の意図的な虚偽の入力が『人を欺くに足りる』行為といえるのかについて他の事情も含めた総合判断を要すると解される。」という解釈を示しています。

とはいえ、外形的には、親の承諾を得た場合との区別がつかないため、ゲーム会社や Apple や Google が取り消しに応じないと判断するケースも多いです。子どもがどのようなゲームに興味を持ち、実際に何というゲームをしているのか、課金の要・不要をどのようにしているかなど、常日頃からコミュニケーションをとりながら確認をすることも大切です。

┌─ **コラム** ─ 電子商取引及び情報財取引等に関する準則

> 　電子商取引及び情報財取引等に関する準則は、経済産業省が学識経験者、関係省庁、消費者、経済界などの協力を得て、インターネット取引等における今の法律の解釈について「こう考えるべき」という最新の考え方を提示するガイドラインのことです。法律ではないので、強制力や罰則等はありません。インターネット取引の変化は著しく、法律だけでは解釈が難しいことがあります。法律の制定や改正には何年もかかるので、それを待っていると消費者トラブルが解決できません。
>
> 　準則は、2002年に策定された後、国内外の状況やルール整備の状況等に応じて、毎年のように改訂を行っています。2020年は、民法改正にともない、大幅に項目を改正しました。

（7）時間を忘れてのめりこむワケ

> 　小学生の男の子が休みの日はゲームばかりしています。注意をしても言うことを聞かず親子ゲンカになります。

　時間を忘れてゲームにのめりこむのはなぜでしょう。次のような理由があると言われています。

　一つは、脳内のドーパミンという神経伝達物質の分泌です。

　文部科学省の「『ギャンブル等依存症』などを予防するために　生徒の心と体を守るための指導参考資料」（平成31年3月）によると、脳内でドーパミンが分泌され、放出されることで、中枢神経が興奮して快感・多幸感が得られるとされています。この感覚を脳が「報酬（ごほうび）」と認識すると、報酬を求める回路が脳内にできあがり、その行為が繰り返されることで次第に「報酬」回路の機能が低下していき、「快

感・喜び」を感じにくくなり、そのため、以前と同じ快感を得ようとして、依存物質の使用量が増えたり、行動がエスカレートしたりする。また、脳の思考や創造性を担う部位（前頭前野）の機能が低下し、自分の意思でコントロールすることが困難になると説明しています。

　もう一つの要因として、損を取り戻したいという思いにとらわれ、後に引けなくなる心理があげられます。

　行動経済学ではこの気持ちのことを「サンクコスト」と呼んでいます。サンクコストは、「埋没費用」ともいい、すでに支払い済みで取り戻すことができない費用にこだわり、取り戻そうとして撤退できず、かえって損失を拡大させてしまうことです。

　このようなことは、誰でも起きる心理なので、そのような気持ちになること自体はおかしくありません。しかしゲームに費やした時間や費用のことが気になって、投じた成果を得たいという感情から学校に行かずに熱中してしまうようになるとゲーム障害に陥る危険性もあります。

（8）ゲーム障害（ゲーム依存症）

　世界保健機関（WHO）は 2019 年 5 月、「ゲーム障害（ゲームのやり過ぎで日常生活が困難になる状態）」を国際疾病（ギャンブル依存症などと同様の精神疾患）と認定しました。厚生労働省の調査研究事業により、独立行政法人国立病院機構久里浜医療センターが 10 歳から 29 歳までの若者を対象に行った「ネット・ゲーム使用と生活習慣についてのアンケート」調査（注）によると、過去 12 か月間に、「ゲームを止めなければいけない時に、しばしばゲームを止められませんでしたか」という質問に「はい」と答えた人の割合は、平日のゲーム使用時間が「60 分未満」の人は全体の 21.9％、「6 時間以上」では 45.5％でした。

（注）2019 年 1 ～ 3 月、調査対象者数 9,000 名、回答者数 5,096 名（男性 2,546 名、女性 2,550 名、回収率：56.6％）

また、平日のゲーム使用時間が「6 時間以上」と答えた人の 37.2％ は、睡眠障害などの問題が起きていても、ゲームを続けたと答えています。

WHO が示したゲーム障害の主な診断基準	
ゲームをする時間や頻度を自分でコントロールできない	3 つの条件に当てはまる状態が 1 年以上続く
日常生活でゲームを他の何よりも優先させる	
生活に問題が生じてもゲームを続け、エスカレートさせる	

同機構は、2011 年よりインターネット依存治療診療部門を立ち上げ、2017 年以降、国の依存症対策全国センターとしてその役割をますます強化しています。対応する依存分野は、アルコール、薬物、ギャンブル、ゲーム（2020 年度）です。

（9）ゲーム障害に陥らないために

独立行政法人国立病院機構 久里浜医療センターの樋口進院長は、「当院では患者の約 70％ は未成年者が占めています。ゲームに没入した彼らは、昼夜逆転して引きこもる、親に注意されて暴言や暴力を振るう、成績が大幅に下がるなど、将来への悪影響は計り知れません。」と述べ、「子どもをゲーム障害やネット依存にさせないために家庭でできる予防策として重要なのは、使う状況と時間の管理です。そもそもゲームやスマホ、タブレットを買い与えたときにしっかりと時間決めをしなければなりません。ゲームを楽しむ時間が長くなってから、「これからは時間を減らしなさい」と言ってもうまくいかないでしょう。親の目が届く範囲で使わせたり、子どもの端末が Wi-Fi 接続できる時間を制限したりといったことも有効です。ただし、子どもの同意を得ずに勝手にルール化したり、ネガティブに怒ったりするのは決してよくありません。本人と話をしたうえで了承を得て決めることが大事です。」と述べてい

す。（国民生活センター発行『国民生活』2019 年 10 月 15 日号 「病気
認定されたゲーム障害の現状と今後」抜粋）

〈相談先〉

○独立行政法人国立病院機構 久里浜医療センター

　https://kurihama.hosp.go.jp

　※診察、カウンセリング、デイケア、入院療法の 4 行程で診察してい
　　ます。

○依存症対策全国センター

　https://www.ncasa-japan.jp/notice

　※インターネット依存やゲーム障害の治療は全国でおよそ 90 か所の
　　医療機関（2020 年 11 月現在）で受けることができます。

○最寄りの精神保健福祉センターや保健所

┌─────┐
│ コラム │ e スポーツ
└─────┘

　　e スポーツ（エレクトロニック・スポーツ）とは、コンピューター
　ゲームなどを利用した対戦型競技のことです。e スポーツの選手を目
　指す子どもが増えており、e スポーツを教える塾や専門学校、e ス
　ポーツ部のある高校もあります。2019 年 3 月に決勝大会が開催され
　た第 1 回全国高校 e スポーツ選手権には、158 校がエントリーしまし
　た。また、2022 年のアジア陸上大会の公式種目として採用が決まっ
　ています。

　　e スポーツは世界的に盛んに行われており、1 億円を超える賞金が
　与えられる大会もあります。日本でも複数の e スポーツプロチームや
　プロ選手がいて、世界大会で優勝する選手もいます。

　日本eスポーツ連合も設立されプロライセンスが発行されています（2018年2月）。

　一方で、eスポーツ大会の高額懸賞について消費者庁は、景品表示法上の「仕事の報酬等と認められる金品の提供」に該当する場合は同法は適用しないという一定の見解を示しています。

　景品表示法にとどまらず、著作権法などの法規制など、リアルなスポーツと同様、法的な課題の検討が必要です。また、「やりすぎ」など依存症の健康障害を心配する声もあります。eスポーツを目指す子どもに対しては、ルールやチームワークなど総合的な勉強にも真剣に取り組むことが大切です。

　日常生活のなかでバランスをとって楽しみましょう。

第4章　ネットショッピング・フリマアプリ

（1）ネットショッピングとは

　ネットショッピングは、インターネットを使った通信販売です。

　ネット広告などを見て申し込みをするため、現物を見ずに購入をすることが多く、イメージと異なるなどのトラブルにあうこともあります。この章では、通信販売を「ネットショッピング」と言い変え、ネットショッピングを安心、安全に使うための注意点をお伝えします。

　インターネットで商品を購入するまでの流れは以下のとおりです。
サイトを探す　→　商品を選ぶ　→　個人情報の入力　→支払方法を決める（代引き、クレジットカード、電子マネー、コンビニ払い等）　→「確定」ボタンを押す（注文完了）

　商品を探す場合に、Google や Yahoo! などの検索サイトで商品を探す場合と、Amazon や楽天などのオンラインショッピングモールと言われるサイトに会員登録して、その中で商品を探す方法があります。後者の場合、ショッピングモールへの会員登録が必要です。

　オンラインショッピングモールは、プラットフォームと言い、その登録手順は、① ID・パスワードを設定　②支払方法（クレジットカード情報など）を入力　③個人情報（氏名・住所・電話番号・メールアドレス・生年月日・性別など）を入力します。会員登録すると、商品購入時に個人情報やカード番号を入力する必要はありません。

（2）デジタルプラットフォームってなあに？

> 　子どものためにショッピングモールで商品を購入したら、後日、聞いたこともない店舗名で商品が送られてきました。どうしてですか？

　インターネット上では、情報や商品・サービスの流通基盤・環境を提供するWebサイトがありますが、それを「デジタルプラットフォーム（DPF）」と言います。そのWebサイトを運営する事業者をデジタルプラットフォーム企業と呼んでいます。運営事業者なので、商品やサービスの販売は行わず、場の提供を行っています。

　事例のケースは、ネット上のデジタルプラットフォームの中の一店舗（会社）で商品を購入したと思われ、その店舗名で商品が送られてきたということです。

　デジタルプラットフォームは、大きく分けると「取引型」と「非取引型」の2つに分けられます。

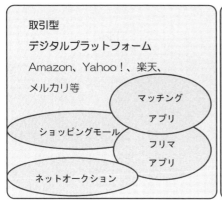

　非取引型は、情報の発信と閲覧だけを行います。ニュースサイトや検索サイト、SNS、質問サイトなどがあります。情報の発信や閲覧は通常

無料で提供され、広告会社からの広告収入で運営しています。

　取引型は、ネットショッピングやフリマアプリなど商品などの売買を行っています。大手のデジタルプラットフォームのオンラインモールとしては、Amazon、楽天市場、Yahoo! ショッピング、au PAY マーケットなどが有名です。

　デジタルプラットフォームに出店する店舗や事業者は、デジタルプラットフォーム企業の利用規約に同意し、取引に伴う対価の一部を利用料として払って利用するしくみです。

　ネットショッピングには店舗や事業者が出店し、フリマアプリなどでは主に個人が出品していますが、その数は膨大です。

　社会のデジタル化が進むなか、デジタルプラットフォーム企業が介在する消費者取引が拡大しています。

　しかし、その場を利用している事業者などのなかには、悪質な商法を行う店舗や事業者も含まれており、「模倣品だった」「商品が届かない」などのトラブルが起きています。また、「売主の所在がわからないが、モールの運営事業者（デジタル・プラットフォーム企業）が連絡先を教えてくれない」「モール運営事業者に苦情を伝えても改善してくれない」などのデジタル・プラットフォーム企業に対する苦情も多くなり、問題になっています。

知っておきたい法律 特定デジタルプラットフォームの透明性及び公正性の向上に関する法律

　デジタルプラットフォーム運営事業者は、商品、支払いなどのすべての情報が集約され巨大な力を持っています。圧倒的な力があるデジタルプラットフォーム事業者が中小企業などの出店者との間で、規約の変更や取引を拒絶する理由が示されないなど取引の透明性が低いこ

とや、出店者の合理的な要請に対応して手続きが不十分であるなどの懸念が指摘されていました。

　法律の内容は、特定のデジタルプラットフォーム事業者の定義を定め、出店者との間で、①契約変更をする場合は事前に知らせること②契約を解除するときの判断基準などを開示することなどを義務づけ　③公正な手続き体制整備などを規定しています。2020年5月に成立。2021年4月に規制対象となる事業者を指定しました。

知っておきたい法律 取引デジタルプラットフォームを利用する消費者の利益の保護に関する法律

　オンラインモールなどの取引型のデジタルプラットフォームにおいて、販売業者が特定できないためにトラブル解決が困難となっている問題などが起きていることを受けて、消費者利益の保護を図るため、以下のような規定を設けた法律が、2021年4月に成立しました。

① 販売業者と消費者の連絡が円滑にできるようにすること、苦情の申し出等があったときは必要な調査等を行うこと、必要に応じて身元確認の情報提供を受けることができることなど、販売業者への努力義務（第3条）

② 重要事項に虚偽・誤認表示などの出品で販売業者がわからないために法執行ができない場合は、出品削除などの要請をデジタルプラットフォーム提供者に要請することができる（第4条）

③ 損害賠償請求など必要な範囲で販売業者の情報を請求できる権利（第5条）

　その他、官と民の協議会の設置（第6条～9条）、申出制度（第10条）が規定されています。

（3）買う前にここだけは見てほしい

> ネットショッピングで子どもと一緒にゲーム機を購入したのですが、1か月経っても届きません。申し込み画面には住所しか書かれていないので、連絡することができません。

　ネットショッピングを行う事業者は、「特定商取引法」という法律にもとづき、サイトに事業者名や住所・電話番号、販売価格、返品条件などを書くことが義務付けられています。

　サイト上では主に「特定商取引法に基づく表示」というタイトルで表示されています。ブラウザや「サイト内検索」入力スペースに「特定商取引法」と入力して探すと、その画面が出てきます。

　サイト内に事業者の住所や連絡先が記載されていなかったり、記載はあるが住所等がおかしいと思うときは、詐欺的なサイトの可能性があるので、購入する前に、必ず確認しましょう。

| 知っておきたい法律 | 特定商取引法（通信販売の主な規定） |

　特定商取引法（特定商取引に関する法律の略）は、訪問販売や通信販売などの消費者トラブルが生じやすい特定の取引形態（7類型）を対象に、消費者保護と健全な市場をつくる観点で制定されました。ネットショッピングは、通信販売の一つであり、同法の適用を受けます。

　通信販売（ネットショッピング）の主な規定は以下のとおりです。
（1）広告に記載すること（法第11条施行規則第8条の主な項目）
①販売価格（サービスの料金、送料）　②代金の支払い時期と方法
③商品の引渡時期　④事業者名　⑤住所　⑥電話番号　⑦法人の場合は代表者かサイト運営責任者氏名　⑧有効期限があるときは期限　⑨

負担すべき金銭があるときはその内容その額　⑩2回以上継続購入の場合、金額、契約期間、販売条件　⑪返品ルールなどです。

（2）契約の解除等に関する規定（法第15条の3の要約）

　購入者は、その売買契約に係る商品の引渡し又は特定権利の移転を受けた日から起算して8日を経過するまでの間は、申込みの撤回等を行うことができる。ただし、当該販売業者が申込みの撤回等についての特約（返品についてのルール）を当該広告に表示していた場合には、この限りでない。

　申込みの撤回等があった場合において、その売買契約に係る商品の引渡し又は特定権利の移転が既にされているときは、その引取り又は返還に要する費用は、購入者の負担とする。

（4）通信販売はクーリング・オフできない

　ネット通販で靴を買って届いたのですが、きつくて履けません。クーリング・オフできますか？

　「クーリング・オフ」とは、訪問販売などで商品やサービスを勧められて契約したときに、契約書面を受け取った日を含めて8日間（連鎖販売取引、業務提供誘引販売の場合は20日間）は、違約金を支払うことなく、契約を解除できる制度です。

　通信販売は、特定商取引法の適用を受けますが、クーリング・オフ制度はありません。ネットショッピングなどの通信販売は自分で申込みをしており不意打ち性がないからです。

　しかし、ネットショッピングの場合は、広告（確認画面など）に返品の条件を書くことが義務付けられています。たとえば、「○日以内なら返品可能」「不良品以外は返品できません」などと書いてあれば、その

条件に従います。返品条件が書かれていない場合は、商品到着後8日間は、送料を自己負担で返品することができると定めています。

　通信販売では、実物を見ていないので、サイズなどが合わないこともあります。返品ができるかどうかをあらかじめ通信販売サイト内で確認し、返品条件の画像をスクリーンショット（スクショ）に撮って保管しておくとよいでしょう。

返品条項イメージ図

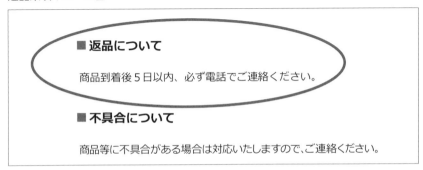

（5）広告の見かた

　「1か月で5キロやせる」「効果がなければ全額返金」というサプリを購入しましたが、まったくやせません。返金を申し出たところ、パッケージの外箱を返さないと返金しないと言われました。そんなことが画面に書いてあったことに気づきませんでした。

　通信販売の広告は、有益な広告もありますが、誇大と思われる広告もたくさん見かけます。

　事例のような広告以外にも、「残量わずか」「お試し500円」「今だけ半額」などインパクトの強い言葉や絵が目につくように大きく表示され、

画面をスクロールしたところに、小さく「個人差があります」「はじめの３か月だけ」などと打消しの表示（打消し表示）があったりします。

　「ブランド品が格安だったので購入したら偽物が届いた。日本語で書かれていたが、よく調べたら海外の詐欺サイトのようだ」など、海外通販のトラブルも数多くあります。このような例では、「サイト URL が公式サイトと少しだけ異なっていた」とか「日本語が不自然」「住所がきちんと書かれていない」「電話番号が記載されていない」などの特徴があります。

　スマホは画面が小さいので見落としがちになります。「安い」「やせる」「半額」「効果がなかったら全額返金」などのお得な情報に飛びつかずに、「なぜ安いのか？」「購入したサプリメントだけでやせるのか？」「半額の理由は？」「全額返金と書かれているけれど、何か条件はないか？」など、契約内容や解約する際の条件などをしっかり確認することがネットリテラシーを高めることにもなります。

〈景品表示法違反に関する情報提供先〉
○消費者庁表示対策課 情報管理担当
　電話：03-3507-8800（代表）
　※郵送・電話で情報提供を受け付けていますが、提供した情報の措置結果や調査経過への回答はしていません。

○全国の公正取引委員会地方事務所なども情報提供を受け付けています。

○適格消費者団体（消費者庁　Web サイト掲示）

　消費者を誤認させるような不当な表示は、「景品表示法」という法律で規制しています。

　具体的には以下になります。

① 　良い品質、規格だと誤認させる「優良誤認表示」

② 　価格などの取引条件を有利だと誤認させる「有利誤認表示」

　・実際のものよりも著しく優良（有利）と誤認される表示

　・事実に相違して競争事業者の商品・サービスよりも著しく優良（有利）と誤認される表示

③ 　一般消費者に誤認されるおそれがある表示として内閣総理大臣が指定する表示（6類型）

　違反すると、消費者庁が措置命令（表示の差し止め、再発防止策の実施、一般消費者への周知徹底、行政処分等）を行います。不当表示を行った事業者から課徴金を徴収する制度を導入、行政処分（措置命令等）を受けた場合は業者名も公表されます。

(6)「初回100円」のワナ　〜こんな広告に注意〜

　小学生の娘が親に内緒で、ネットで100円で初回お試しダイエットサプリメントを購入しました。ところが、翌月も同じサプリが届き、その代金が5,000円だったため母親に相談しました。

　母親が会社へ電話すると「定期購入コースを申し込んでいます。サイトに書いてあるので返品できません」と言われました。解約できませんか？

　国民生活センターの統計によれば、定期購入のトラブルが増えています。定期購入とは、はじめに購入手続きをすると、自動で定期的に商品

が届くことを言います。

通信販売での健康食品等の「定期購入」に関する相談件数				
年度	2016 年	2017 年	2018 年	2019 年	2020 年（～11/30）
件数	13,673	17,027	21,980	44,747	52,402

出典：国民生活センターWeb サイト

　事例のような事業者のサイトには、①定期コースであること　②支払総額　③次の商品が届く 7 日前までに連絡しないと解約できないこと④商品は返品できないことなどと書いていることが多くあります。しかし、子どもは SNS のバナー広告の大きな文字「初回 100 円」「100 円でお試し」だけを見て、契約の詳しい内容は見ない傾向があります。

　こうした販売をしているネットショッピングの事業者のなかには、定期購入であることを分かりにくく表示して、誤解を招く広告をしている事業者も存在しています。トラブルになっても、「解約の電話が通じにくい」「ネットに記載された住所に解約の通知が届かない」など解決が困難になっています。

　こうした詐欺的な商法が多発したため、2021 年の通常国会に定期購入商法対策として、特定商取引法が改正案が提出されました。このなかで、電子メールでクーリング・オフの通知をすることが可能になることも含まれています。

①　定期購入でないと誤認させる表示等の直罰化

②　その場合の申込みの取消しを認める制度

③　契約解除の妨害行為の禁止

④　適格消費者団体の差止請求の対象に追加

「こづかいの範囲」未成年者契約の取消しはできる？

　民法の未成年者の法律行為（第5条第3項）については、「法定代理人が目的を定めて処分を許した財産は、その目的の範囲内において、未成年者が自由に処分することができる。目的を定めないで処分を許した財産を処分するときも、同様とする。」という規定（民法第5条3項）があります。

　つまり、親権者の承諾を得ずにこづかいの範囲を超える契約をしたときには、契約を取り消すことができるという解釈ができるということです。

　では、こづかいの範囲とはいくらなのでしょうか。

　実は金額の多寡ではなく、親権者が処分を許した額かどうかが問題です。目的を定めて処分を許した財産と、目的を定めないで処分を許した財産の2種類があります。たとえば、何を買ってもよいとして月額500円のこづかいを渡しているのであれば、100円のサプリはこづかいの範囲と言えますが、お菓子と文房具を買いなさいと目的を定めて渡したこづかい500円であれば、たとえ100円のサプリであっても処分を許した財産とは言えません。また、定期購入のように、購入する金額の総額が6か月で5,000円なら、こづかいの範囲である500円を超えるので、未成年取消可能となるという考え方ができます。

（7）フリマアプリ

　フリマアプリで購入したスポーツシューズが写真とイメージが異なりました。出品者に購入代金を返して欲しいと伝えましたが、対応してくれません。

　フリマアプリは、スマホなどで、フリーマーケットのように個人対個

人（CtoC）で物品の売買を行うことができるサービスです。

　自分で売りたい値段をつけて出品し、その価格で購入する人がいれば取引が成立します。

　不要になった商品の写真を撮ってフリマアプリサイトに載せるだけで手軽に売ることができます。

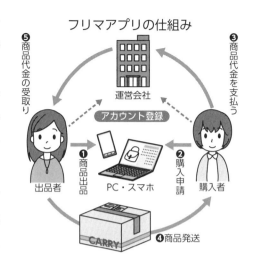

フリマアプリの仕組み

❺商品代金の受取り

❸商品代金を支払う

運営会社

アカウント登録

❶商品出品　PC・スマホ　❷購入申請

出品者　　　　　　　　　購入者

CARRY　❹商品発送

　しかし、なかには「届いた商品の状態が写真と全く違っていた」「偽物だった」などのトラブルもあります。

　こうしたトラブルを避けるために、メルカリやラクマ（楽天）などのフリマアプリサイトでは、商品を受け取った後で代金が出品者に支払う「エスクロー」というサービスを取り入れています。

　個人間の取引の場合は、特定商取引法の規制を受けません。出品者、購入者がそれぞれ自己責任で取引を行うことが原則です。

　写真と説明に矛盾がないか確認することや、出品者のこれまでの取引の数や評価などを確認することが大切です。

コラム　エスクローサービス

　エスクローとは、アプリ運営者が購入者から購入代金を一定期間預かり、購入者が商品を受け取って、確認・評価ボタン（取引承認、受取評価などという）を押すと、代金が出品者へ支払われるしくみのことです。

「購入した商品が届かない」などのトラブルを防ぐため、メルカリやラクマなどのフリマアプリ運営者はエスクローを導入しています。原則、確認・評価ボタンを押した後の返品・返金などは不可と定めています。

　出品者から商品を受け取る前に評価を求められたら、それには応じず、届いた商品を必ず確認してから確認・評価ボタンを押しましょう。商品に傷や欠陥などの問題がある場合は、確認・評価ボタンを押さずに、アプリ運営業者に連絡をします。

　もし、受け取った商品に傷や欠陥などの問題はなく、単に商品が気に入らないという場合は、購入者は確認・評価ボタンを押さずに、出品者との返品交渉を自身で行うことが原則です。一定期間（多くは14日間）を経過すると、取引が終了したとみなされて、代金が出品者へ支払われることもあります。

（8）売ったり買ったりしてはいけないもの

・フリマアプリでブランドのバッグを購入したところ、写真と違って粗悪品が届きました。偽ブランド品だと思います。
・スズムシがたくさんふ化したので、フリマアプリで売ってもいいですか？

　フリマサイトやインターネットオークションでは出品してはいけないものを事業者がそれぞれ決めています。たとえば、偽ブランド商品の販売は、そのブランドをつくっているメーカーの信頼性を表すマークを勝手に使うことで、ブランドメーカーの権利を侵す（商標権侵害）として禁止されています。また、銃など危険なもの、大麻などの違法なもの、日本国内で販売が許可されていないものも禁止されています。

　たとえばメルカリでは「いきもの」の出品を禁止しています。「スズムシや熱帯魚を売りたい」と思っても、メルカリに出品することはできません。現金が出品されたこともありますが、違法行為です。

出品禁止商品の例

　偽ブランド商品、スタンガン、児童ポルノ関連商品、違法薬物、無断複製した CD や DVD、転売目的で入手したチケット、たばこ、医薬品など禁止商品等

（9）チケットの高額転売は違法か？

> 　チケットリセールサイトで、コンサートや演劇のチケットが定価より高額で販売されていました。

　人気のコンサートや演劇、スポーツなどのチケットを、業者や個人が買い占めて、定価を大幅に上回る価格でチケット転売サイトなどで不当な転売が行われていました。

　こうした不当な転売などを禁止するために「チケット不正転売禁止法」という法律があります。

　この法律によって、2020 年 2 月に不正転売を繰り返した女性が逮捕され、有罪になった事件があります。

　イベント主催者は、入場時の QR コード認証等によって転売チケットを無効・入場不可とする措置を講じています。リセールサイトで高額な転売チケットを購入したとしても、コンサートに入場できない可能性が高いのが実情です。

　病気や急用で行けない場合は、主催者による公式のリセールサイトがあれば、チケットを販売価格と同額で転売することができます。

チケット不正転売禁止法

　チケット不正転売禁止法の正式な法律名は、「特定興行入場券の不正転売の禁止等による興行入場券の適正な流通の確保に関する法律」です。2018年12月に公布、2019年6月14日から施行されています。

　法律では、（1）チケットを不正に転売すること（2）チケットの不正転売を目的として、チケットを譲り受けることを禁止しています。違反すると1年以下の懲役もしくは100万円以下の罰金またはその両方が科されます。

　規制の対象となる特定興行入場券（チケット）とは、不特定または多数の者に販売され、次の①から③のいずれにも該当するチケットを言います。日本国内で行われるものに限ります。

① 　興行主の同意のない有償譲渡を禁止する旨を明示し、その旨が券面（電子チケットは映像面）に記載されていること。

② 　興行の日時・場所、座席（または入場資格者）が指定されたものであること。

③ 　たとえば、座席が指定されている場合、購入者の氏名と連絡先（電話番号やメールアドレス等）を確認する措置が講じられており、その旨が券面に記載されていること。

　なお、招待券などの無料チケット、転売を禁止する旨の記載がないチケット、販売時に購入者または入場資格者の確認が行われていないチケット、日時の指定のないチケットなどは、同法の対象外となります。

（10）ネット取引でトラブルにあわないための対処方法

　ネットショッピングやフリマアプリでトラブルにあわないために、以下の点に気をつけましょう。

ネットショッピングの場合

① ショップの事業者名・住所・電話番号をチェックする。

② 支払方法について、個人口座への前払いは避け、複数の支払方法が選べるショップを選ぶ。

③ 返品条件の確認。解約できるか、どのような条件があるのかを事前にチェックして理解する。

④ 注文確認画面、ショッピング事業者からの確認メールは保存する。

⑤ 届いた商品はすぐに開封し、内容があっているか確認する。

⑥ 広告と実際の商品が異なった場合、写真を撮り、ショップに連絡する。

フリマアプリの場合

○ 売るとき

① 商品の説明を具体的にわかりやすくする。

② 商品に傷や汚れがある場合は正しく申告する。

③ 傷やほつれなどは写真で分かりやすく表示する。

④ きちんと梱包する。

⑤ 商品の発送日を守る。

○ 買うとき

① 写真や説明文をチェックして、矛盾点がないか確認する。

② 疑問点は、事前に具体的に質問する。

③ 届いたら、放置せずすぐ開封して中身をチェックする。

④ トラブルがあった場合、サイト内掲示板で出品者とやりとりし、念のため、フリマアプリ運営事業者へ情報提供する。

第5章　さまざまなトラブル事例と解決方法

（1）架空請求

> 　スマホに突然「会員登録になっている情報サイトの料金が未納です。至急連絡をください」「連絡なき場合は法的措置を取ります」とSMS（電話番号に届くメール）が届きました。心当たりはなかったのですが、不安になって書かれていた電話番号に連絡をしたら、30万円が未払いと言われ、自分の名前や住所、電話番号を教えてしまいました。

〈解決方法〉

　架空の請求SMSを不特定多数に送付し、連絡してきた人からお金をだましとる手口です。連絡をすると、個人情報を聞かれて、「アプリの料金が1年間未払いだった」などと言われて、高額な請求をされます。

　連絡せず無視をすることが肝心です。もし、電話をしてしまった場合は、今後同様な請求が来る可能性がありますが、着信拒否や受信拒否をして無視します。また、SMSに書かれている「取消しはこちら」「詳しくはこちら」等と表示されたボタンやURLなどもタップしないようにしましょう。

　最近は、振り込め詐欺の監視が厳しいので、コンビニで電子マネーを買って支払うようにと言われるケースが多くなっています。

　万が一、電子マネーや銀行振込みで支払ってしまった場合は一刻も早く電子マネー会社や銀行などに相談しましょう。

〈相談先〉

○消費者ホットライン

　　電話番号（局番なし）188

　　※近くの消費生活センターにつながる。

○警察相談ダイヤル

　　電話番号　＃9110

　　※詐欺などの被害届を出す。

○情報セキュリティ安心相談窓口

　　（独）情報処理推進機構（IPA）

　　https://www.ipa.go.jp/security/anshin/index.html

（2）ネットショッピング
〈事例１〉返品したいのに連絡がつかない

> 　動画投稿サイトの横に「タイムセール、残りわずか」と書かれたスカートの広告がありました。モデル着用のスカートが素敵で、お母さんと相談して○○ペイ払いで購入しました。3週間後、国際郵便で届いた商品はデザインも色も写真とは違い生地もペラペラでした。日本語で書かれたサイトなので日本の会社とばかり思っていましたが、電話番号は書かれておらずメールを出しても返事がありません。返品したいのですが、どうすればよいですか？

〈解決方法〉

　この事例の場合、相手先と連絡が取れないので返品返金を求めることは難しいですが、商品に問題があるので、代金の支払停止を求められな

いか、支払先の金融機関である○○ペイ事業者に相談しましょう。

　最近は、SNSなどに表示される写真広告を
見て、そこにリンクされたサイトで購入するス
タイルが増えており、相手先をしっかり確認し
ないまま購入に至るケースが増えています。
　特定商取引法の通信販売の規定で、サイトに
は事業者名、住所、電話番号を書くことが定め
られています。

　購入する前に、必ず、購入したい相手先のサイトで事業者名や連絡先
などがきちんと書かれているか表示を確認しましょう。また、電話番号
が記載されている場合は番号非通知でお店に連絡し、所在の確認や希望
の商品について問い合わせることでトラブルを避けることができます。

　商品が未着で、クレジットカードや○○ペイ（コード決済）などを
使ったキャッシュレス決済の場合は、支払先の金融機関などに対応して
くれるかどうか相談しましょう。

〈事例２〉代金を振り込んだのに商品が届かない

　人気で品薄の高級ブランドシューズが半額で売られていたサイトを
見つけました。事業者にメールをして、代金を指定された個人口座に
振り込みました。「入金が確認できたので３営業日以内に発送いたし
ます」というメールが来ました。しかし、１か月経っても商品は届か
ず、問い合わせのメールにも返信がありません。不安になり、サイト
に書いてある電話番号に電話したところ、まったく違う会社で、住所
を地図アプリで調べたら学校の校庭でした。

〈解決方法〉

　事業者と連絡が取れないため、返金は難しいのが実状です。

　トラブルになる前に、サイトには事業者名、住所、電話番号など特定商取引法で規定されていることが書かれているか、確認することが大切です。個人間取引ではないのに個人の口座を指定していたり、URL がおかしいなどの場合は、詐欺的な商法の可能性があります。

　地図アプリで場所を確認するなどの慎重な行動も求められます。

　なお、相手方の振込口座にお金が残っていた場合は、「振込め詐欺救済法」という法律によって、救済される方法があります。

　即座に引き出され、実際には口座にお金が残っていないことも多いですが、預金保険機構の Web サイトに振込口座番号が公告されているかどうか確認しましょう。

　海外サイトで購入したトラブルの場合は、国民生活センターの越境消費者センター(CCJ) に相談しましょう。

　https://www.ccj.kokusen.go.jp/sdn_process

〈事例3〉100 円ダイエットサプリを買ったら定期購入だった

　高校生です。友だちから「足が細くなる」動画投稿サイトの話があり、サプリの広告が送られてきました。「お試し 100 円」と書いてあったので、安いと思い即座に親に内緒で購入しました。100 円払って終わりと思っていたら、翌月も商品が届き、約 4,000 円の請求書が同封されており、びっくりしました。申込画面や注文の確認のメールを見ませんでした。請求金額を払わなければいけませんか？

〈解決方法〉

定期購入の契約トラブル事例です。

定期購入とは、単発で買うより少しお得な料金で、定期的に商品を届ける販売方法のことです。

画面では、100円などの興味を引く内容が目立ち、定期購入であることが分かりにくく表示されていることが多く、購入トラブルが増えています。

通信販売にはクーリング・オフ制度はありませんが、実物を見て購入できないので、「返品不可」「返品は○日以内」等と返品条件を表示することが義務付けられています。表示がない場合は商品到着後8日以内は利用者が送料負担で返品できます。

申込画面に定期購入と表示されていた場合、原則、表示に従うことになりますが、表示の仕方に問題があり誤解をして購入している場合は、相手方と連絡がとれる場合は交渉して解約できる可能性があるので、消費者ホットライン188や近くの消費生活センターに相談をしましょう。

また、未成年者の場合、親の同意なくこづかいの範囲を超える契約をした場合は未成年者契約の取消しが可能な場合もあります。

定期購入については、特定商取引法の法改正が行われ、対応が図られることになりました。

（3）オンラインゲームでの高額請求

母親からの相談。クレジット会社から、クレジットカードの利用限度額を超えたと連絡がありました。調べたところ、中学生の息子が母親の財布からクレジットカードを抜き取り、オンラインゲームの課金に使用したことがわかりました。ゲームで年齢確認画面が出たので、

20歳以上にしたと言っています。3つのゲームに課金し、1つのサイトだけで10万円以上使っています。親の管理責任は感じていますが、ゲーム会社に未成年者契約の取消しに応じてもらいたいです。

〈解決方法〉

　未成年者契約の取消しに応じるか否かは、親の管理上の問題等を踏まえて、ゲーム会社との交渉となります。

　13歳未満は大人用アカウントにひもづいた子ども用アカウントしかつくれず、子ども用アカウントにクレジットカードをひもづけることができないしくみのゲーム会社も多いです。ただし、13歳未満であっても、その都度クレジットカード番号を入力してアイテムを購入することは可能です。

　勝手に決済ができないようにゲーム機にパスワードをかけていなかったような場合は、保護者の管理責任を問われます。

　未成年者契約の取消しに応じられるかどうかは、個別の事情によって対応が変わります。

（4）国際プリペイドカードで動画サイトを登録した

　母親からの相談。1年前、中学生の娘がSNSの広告で「動画配信サービスに登録するとSNSのポイントをもらえるキャンペーン」を知り、入会しました。中学生でも持てる国際ブランドのプリペイドカードを親に内緒でつくり、カード番号を入力しました。プリペイドカードなのでチャージした2,000円がなくなれば動画配信サービスは自動的に解約になると思っていたようです。

ところが、自動更新契約だったため、1年後にサイトの会費1年分の請求が来ました。未成年者契約の取消しは可能でしょうか。

〈解決方法〉

　未成年者契約の取消しができるか否かは、当該動画配信サービスに年齢制限があるかによります。

　未成年者が年齢を成人と偽っていた場合の法的な規定は、民法で「詐術を使った場合は取り消しできない」と定めています。しかし、インターネット取引等における考え方を示したガイドラインの「電子商取引及び情報財取引等に関する準則」によると、必ずしも詐術に当たらないという解釈がされています。判断は年齢詐術の程度によるということになりますので、近くの消費生活センターに相談しましょう。

　また、国際ブランドのプリペイドカード（VISA　Mastercard、JCBなどの国際ブランドマークの付いたプリペイドカード）はクレジットカードのように後払いができます。チャージ金額がなくなっても利用できるので注意が必要です。

（5）フリマアプリで小学生が高額な買い物

　小学校低学年の子どもに母親のスマホを持たせたら、フリマアプリ（メルカリ等）にアクセスし、トレーディングカードのセットを購入していました。母親がフリマアプリに登録しており、クレジットカード払いにしていたのにパスワードをかけていなかったために購入できたようです。

　フリマアプリの出品者に事情を伝えてキャンセルを申し出ましたが、購入後のキャンセルはできないと断られました。フリマアプリのサイト運営会社にもキャンセルを申し出ましたが、「出品者が応じな

い場合はキャンセルできない」と言われました。子どもが勝手に購入したので、未成年者契約の取消しを希望します。

〈解決方法〉

　母親がフリマアプリの登録をしている場合は、母親と子どものどちらがフリマアプリで購入したのか区別がつかず、子どもが購入したという証明が難しく、未成年者契約の取消しは困難になります。

　スマホ決済にパスワードをかけずにスマホを使わせることへの責任も問われます。

　裁判所の民事調停（注）などを利用する方法もありますが、最近のフリマアプリの個人間取引（C to C）は匿名配送で出品者の住所等が不明なため、返金交渉は難しいことが多いのが実情です。

　大人のスマホを子どもが勝手に利用しないようにパスワードをかけることや、画面操作を子どもに見られないように注意することが大切です。

　（注）民事調停とは、裁判とは違って、話合いによりお互いが歩み寄って合意することで紛争の解決を図る手続で、裁判所が行う裁判外紛争処理手続（ADR）です。

（6）脱毛エステのトラブル

　ネットで「脱毛試し1,000円」の広告をみてエステサロンに予約しました。1,000円のエステを受けた後で、脱毛コースがキャンペーン中で通常より40パーセント引きになっていると勧誘されました。

　学生なので高額契約はできないと断りましたが、熱心に勧誘され、1,000円で安く脱毛をしてもらった手前もあり契約をしてしまいました。クレジット契約20万円で払えるか不安なので解約したいです。

〈解決方法〉

　この事例は、ネットで予約をしていますが、出向いた店舗での契約なので、特定商取引法の通信販売は適用になりません。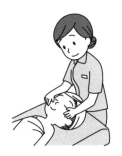

　しかし、１か月以上の契約期間でかつ５万円を超えるエステサービスの場合は、特定商取引法の特定継続的役務提供に該当するので、契約書面を交付された日を含めて８日間は、クーリング・オフができます。クーリング・オフ期間を過ぎてしまっても、契約期間内であれば理由を問わず中途解約をすることができます。

　その際は、事業者が消費者に請求できる中途解約料の上限額が法令で決まっています。また、エステ事業者が役務の内容や効果など重要な事実について故意に言わなかったり、嘘を言ったりしたことにより、消費者が誤認して契約したときは、契約の取消しができる場合もあります。近くの消費生活センターに相談しましょう。

（7）モデルタレント

　ネットでモデルタレントのオーディションを受けて、合格になり芸能事務所に呼び出されました。そこで、１年間の養成講座に申し込むよう勧誘され、チャンスを生かすように説得され、代金約50万円のクレジット契約をしてしまいました。しかし、授業の内容は、専門家の指導とは思えず、タレントにはなれそうもないと感じたので、解約を申し出たら、高額な解約料を請求されました。支払わなければならないでしょうか？

（解決方法）

　きっかけはインターネットであっても、オーディション合格と言って呼び出して高額なレッスン契約を結ばせているので、特定商取引法のアポイントメントセールスという商法に該当すると考えられます。

　契約書面の交付日を含めて8日間は、クーリング・オフができます。葉書に、相手方事業者の住所や連絡先、契約年月日、契約金額、返金額の振込先を書いて特定記録郵便や簡易書留で通知しましょう。ハガキはコピーをとっておくことが大切です。

　もしも、クーリング・オフ期間を過ぎていても契約書面に法定記載事項が書かれていない場合や、契約書面を渡されていない場合は、法定記載事項が満たされた契約書面が交付されるまでクーリング・オフができます。虚偽説明などがあった場合は、契約の取消しや解除ができることもあるので、近くの消費生活センターに相談しましょう。

　なかにはタレント契約をした若い女性にAVへの出演強要などの被害もあるので、注意が必要です。

（8）児童ポルノ

　知人の小学生の孫娘が、SNSで知り合った中学生女子とダイエットの話で盛り上がり、「太っているのでスリムになりたい」とSNSで伝えると、「どこが太っているかスタイルがわかるように裸の写真を送ってくれれば、どうすればいいか一緒に考えてあげる」と言われ、誰にも見せない約束で裸の写真を送ったそうです。

　実は、相手は男性で、画像を公開すると脅されたため、警察に相談しました。これからどうしたらよいか教えてください。

〈解決方法〉

　この事例は、「児童ポルノ禁止法」違反と脅迫という犯罪行為ですので、すみやかに警察に相談することが望まれます。

　「児童ポルノ禁止法」では、18歳未満の裸の写真等をネット上に拡散する行為だけでなく、裸の写真などの姿を記録した「写真」や「画像」の電子データを所持、保管しているだけで処罰の対象になるとし、規制しています。

　ネットはなりすましが簡単にできるので他人に見せられない写真（プライベートゾーンの写真）は絶対に送らないという大原則を守ることが大事です。

　下記のサイトではこのような事例についての相談も受け付けています。

〈相談先〉

○一般社団法人セーファーインターネット協会 セーフライン

　https://www.safe-line.jp/against-rvp/

　※リベンジポルノの被害にあっている、削除したい等のトラブル

（9）著作権法違反

　息子が通う学校から、「息子がアニメ画像をSNSにアップしている」と連絡がありました。アニメ関係者から、「生徒が当社の著作権侵害に当たる行為をしている。書き込みから学校名がわかったが生徒名までは特定できなかったので学校に連絡した」という連絡がありました。息子にアニメ画像は削除させ、謝罪しましたが、今後損害賠償請求されないか心配です。

〈解決方法〉

　アニメ等のキャラクターなどの著作物（音楽、映像、漫画、書籍、論文、コンピュータプログラム等全般）を著作権者の許諾を得ずに利用すると著作権侵害に当たります。

　未成年者でも著作権法違反で逮捕された事例もあります。

　また、著作権者から損害賠償請求を受けることもありえます。著作権者から請求などがあった場合は、弁護士等法律家に相談しましょう。

　著作権者の許可なく、気軽にライブ動画や漫画キャラクターなどをアップする子どもがいますが、法律違反になることを理解する必要があります。他人のものをネット上に勝手にアップすることは、決してしてはいけません。

　著作権や肖像権の侵害についてしっかり学びましょう。

(10) チケット転売

　18歳の息子が転売サイトでライブのチケット代と手数料を合わせて、1枚2万円のチケットを2枚購入しました。親の私もチケット購入に同意し、チケット販売があと何秒かで終了するとの表示が出ていたので、焦ってしまい、私のクレジットカードで支払いました。

　購入後によく考えてみると、正規の料金よりはるかに高額なのでキャンセルしたいと思います。キャンセルできないなら転売をしてもいいですか？

〈解決方法〉

　このような転売仲介サイトは、チケット売買を仲介するだけなので、実際に返金を求める相手はチケットの売主になります。返金は難しいのが実態です。

チケットの高額転売などは、「特定興行入場券の不正転売の禁止等による興行入場券の適正な流通の確保に関する法律」（チケット不正転売禁止法）によって禁止されています。禁止行為は、興行主の事前の同意を得ない特定興行入場券を、元のチケット価格を超える額で不正に転売することとチケットの不正転売を目的にチケットを譲り受けることです。

　トラブルにあわないためにも、ネット検索で上位に出た情報を正規サイトとうのみにせず、利用する前にサイトの情報を確認することが大切です。

　病気や急用で行けない場合は、主催者による公式のリセールサイトがあれば、チケットを販売価格と同額で転売することができます。

参考（1）この本でとりあげた事例はNACS消費者相談室に寄せられた相談を元に加工したものです。
　　　（2）総務省では「インターネットトラブル事例集（2020年版）」をWebサイトにアップしていますので、こちらの事例も活用しましょう。

教師や保護者は子どもと
どう向き合うか
― 子どもとつくるルール ―

30 年前、ある学者が「コンピュータを手のひらで使う時代が来る」と話していました。まさに現在、私たちは、手のひらにスマホを乗せています。スマホは登場して 10 数年で、あっというまに世界中に広がり、多くの人がスマホを手放せない生活スタイルになっています。

　学校の現場でも、端末を児童生徒に一人一台としてパソコンやタブレットを利用した情報活用能力の育成や論理的な思考力の育成など、ネット社会に対応した教育が進められています。

　社会が激しく変わっていくなかで、多くの教師や保護者が、子どもたちへの接し方について悩んでいる現実があります。

　本書を執筆しながら、これからの社会を担う子どもたちが ICT リテラシーをしっかり身につけることの重要性を感じました。その思いを「まとめ」として以下に記します。

（1）守るべきルールはリアルもネットも同じ

　大人は、子どもが生まれると、幼児期や小学校、中学校に進学するそれぞれの過程で、子どもと向き合い社会のルールを教えてきました。

　幼児の頃は「友だちのおもちゃを取ってはいけない」と叱りました。成長するにつれ、たとえば「約束は守る」「暴力は振るわない」「人を傷つけるようなことは言わない」「他人の意見を尊重する」など、社会生活を送るために必要なルールを教えます。

　ネット社会においても、「やってはいけないこと」「守らないといけないルール」は、リアルの社会と本質的には同じです。

　スマホに関する知識がなくても、リアルの日常生活で子どもに注意するように、スマホの使い方についても同じような考えで接することが大切です。

（2）はじめてスマホを与えるとき

　決まった時間に起きて食事をとり、しっかり睡眠をとるなどの生活習慣を守ることや、クラブ活動や宿題、明日の準備、読書をしたり、家族や友人とのコミュニケーションなど、日常生活にはたくさんやることがあります。どれも大人になって自立した生活を送るときに役立つことです。

　友だちとSNSでのやりとりや、ゲームや動画視聴などに時間を費やしすぎると、日常生活のバランスが悪くなり、これからの長い人生を心身共に健康的な生活を送ることが難しくなる可能性があります。また、多様な人々との意思疎通がうまくいかないなどの問題が起きるおそれもあります。

　子どもに、はじめてスマホを与えるときは、「日常生活の送り方をどうするか」「スマホを使う時間はどのくらいがいいか」「スマホで何をするか」など、子ども自身がルールの必要性を主体的に考えられるように、話し合ってルールを決めることが大切です。学校が休みの日は、利用できる時間を柔軟に変更するなど、例外のケースも話し合って無理なルールにならないように工夫しましょう。

　子どもがルールを守れたらしっかりほめること、守れなかったときのペナルティなど、子どもが積極的にルールを守るようにモチベーションを上げる関係づくりを心がけましょう。自分でつくったルールを守る習慣がつくと、子どもの将来の大きな財産になります。

（3）子どもと一緒に学び、一緒に解決しよう

　IoT製品や、人工知能（AI）、ロボット、ビッグデータの活用など、先端技術を取り入れた製品やサービスがどんどん登場し、大人も戸惑うことがたくさん起きてきます。

ネットで情報を閲覧するときに注意すること、SNSでの友だちとのつきあい方、ネット通販での買物のルール、ネットのなかで守らなければいけないこと、やってはいけないことなどのルール（個人情報の保護や著作権の話など）や、セキュリティ対策など、家族で一緒に学びましょう。

　SNSのやりとりでトラブルになったり、被害を受けたり、あるいは予期せず加害者になったなど、さまざまなトラブルが起きえます。その内容は、軽微なものや深刻なものなど多様です。子どもがトラブルに巻きこまれたときは、叱るだけでなく、冷静になって、子どもの気持ちを受け止めるように心がけましょう。

　そして、トラブルの内容にもよりますが、できるだけ子ども自身が、問題になった原因を理解したり、解決策を考えられるようにサポートすることが大切です。このような関わり方が、今後のトラブルを未然防止することに繋がっていきます。

　また、日常的に親（保護者）と学校が連携して、子どもがトラブルにあい困ったときに迷わず保護者や先生に相談できるような環境をつくっていくことも大切です。

（4）子どもがスマホ依存にならないために

　子どもがスマホを手放せない要因として、「仲間外れになりたくない」「自分の気持ちを分かってくれる人が周りにいない」など寂しさを紛らす面もあります。

　家族のコミュニケーションは、何にも増して子どもの心を安定させます。スマホに依存しないように注意することも大切ですが、それ以上に大切なことは、たとえば、友だちの名前を知っておき、関係性を把握しておくこと、学校であったことや友だちとのトラブルなど、一日の出来

事を落ち着いて聞く時間を設け、子どもが気軽に話をできる環境をつくっておくことです。それにより子どもは心の平穏を維持することができます。

　どんなに忙しくても、一日に一度は子どもの気持ちを受け止める時間をつくりましょう。その話題は、子どもが興味をもっているスマホで利用しているサービスや SNS 上でのやりとりの話題でもよいので、日常会話を親子で楽しむことが大切です。いつでも子どもが親（保護者）に気軽に相談できる関係性を構築することを心がけましょう。

（5）情報収集や外部と連携したネット教育

　学校では、新学習指導要領によって「情報活用能力」などの授業が行われていますが、そうした授業を行うときは、具体的な事例を活用して実践的な授業を行うことが大切です。子どもたちが、実際に起きていることから学ぶことで理解が深まります。

　また、「スマホを使う時間」「友だちや知らない人と SNS をするときに注意すること」「信頼できる情報を探す方法」などテーマを決めて話し合う機会を増やして、子ども自身がネット社会をどう生きていくのか、自分で見つけられるような授業も大切です。

　ネット教材は、文部科学省や各教育委員会のほかに、消費者庁消費者教育ポータルサイト、消費者教育支援センター、地方公共団体（消費生活センター）、NPO 法人、業界団体なども作成しています。学校が抱えている課題や懸念している内容に合わせて適切な教材を選んで活用しましょう。

　ネットトラブル事例は、総務省はじめ関連する省庁、国民生活センターや消費生活センターの Web サイトで検索できます。

　また、消費生活センター、NPO 法人、ネットの業界団体や情報通信

会社などは、講師派遣事業を実施しています。こうした外部の機関と連携して、子どものネット教育をすることも有効です。

（6）ICT リテラシーを育てる

ICT リテラシーとは、ICT を十分に使いこなせる能力のことです。ネット上の大量の情報の中から必要なものを収集して、分析し活用することができる知識や技能、能力を身につけるという意味があります。

この本で紹介したネット上のルールやマナー、セキュリティ対策などは ICT リテラシーの一環で、ネットを使うときの基本的なルールです。

これからの社会は、仕事上や災害などの緊急事態など、社会生活のすべての場面でネットを使いこなしていく能力が一層求められてくると思われ、ICT スキルや ICT リテラシーを身につけることが必須になっているといえます。

既に、学校教育の現場では、ICT を活用した授業が行われています。家庭でも、ネット情報を上手につかって生活を充実させることや、アプリを使いこなす方法、人とのコミュニケーションの取り方など、ネットを使いこなす能力を親子で学び、ICT リテラシーを高めましょう。

特に注意したいことは、ネットの中は、膨大なさまざまな情報があり、有益な情報と個人的な見解だったり一方だけに偏った見解、嘘の情報などが混在していることを理解することです。

このためネット情報だけに頼るのでなく、新聞や書物など多方面の情報も調べて、ネット情報とリアルの情報を融合させながら適切な情報を探す習慣を身につけることが大切です。そうした行動が社会人になって仕事をするようになって役立ちます。

（7）子どもたちがネット社会の未来をつくる

　子どもたちは、生まれたときからインターネットのある社会に生きています。成長とともに、ネットを介して世界中の人と時間と距離を超越してコミュニケーションするようになっていきます。

　今日の社会は、自動運転の自動車の開発や天候に左右されない農産物の安定供給を目指した農業改革、介護施設や建設現場では重労働をロボットが行う、風力や水田を利用した多様なエネルギーの開発、災害時にドローンやロボットを使った救援活動など、ICT やデジタルテクノロジーを活用した製品やサービスの研究・開発が進められています。

　ネットを活用したざまざまな市民活動も行われています。若き環境問題の活動家であるスウェーデンのグレタさんが、「気候変動の問題解決に立ち上がろう」とネット上で呼びかけ、世界中で多くの若者がそれに共感を示しています。

　未来の社会を担う子どもたちが、ネットの中で起きる課題を解決しながら、ICT やデジタルテクノロジーをより上手に活用して、さらに良い社会をつくることを期待します。

　そのために、教師や保護者をはじめとした私たち大人は、子どもとネットの使い方についてよく話し合って、子どもたちが安心して安全にインターネットやそれにつながる機器を利用できるように見守っていきましょう。

　子どもたちが、インターネット社会で生まれている新たな職業を主体的に選び、ネット社会をいきいきと生きていける大人に成長することを願っています。

〈子どもとつくるルールの例〉

(DO)

☐ ゲームやスマホの利用時間は1日に○時間までにする。 （夜の○時までにする、休日は○時間、平日は△時間、試験前はゲーム禁止）
☐ 食事中はスマホの操作はしない。どうしても必要な場合には、家族の了解を得て短時間で終わらせる。
☐ 友だちとSNSなどでのやりとりをする時間帯を決める。特に夜の時間を決めて、お互いの睡眠時間が削られないように心がける。
☐ SNSでのやりとりは、返事が遅くなることを、友だちどうしで理解しあう。
☐ 送信（クリック・タップ）する前や投稿する前に、もう一度文章を読み直したり、投稿する写真や動画を確認する。
☐ どんなサイトやアプリを利用するか、家族で話し合って、その範囲を守る。変更するときは、その都度、必ず親子で話し合う。
☐ スマホのフィルタリングやセキュリティを設定する。勝手にフィルタリングを外さない。
☐ 懸賞応募やアンケートに回答したいときは、親（保護者）に相談する。
☐ ネットでの買物（ゲームソフトも含め）は、親と相談してからにする。
☐ トラブルや困ったことがあったときは、すぐに保護者や教師など、まわりの大人に相談する。
☐ ネット上の一つの情報だけをうのみにせず、他の情報も検索したり、辞書や本など他のメディアでも確認をする。

□ 面白半分や軽いイタズラでやったことが犯罪行為になることもあるので、リアルの世界でやってはいけないことはネット上でしないというネットマナーについて学ぶ。

□ スマホと同様に、いろいろなことを体験することで身につけられることもたくさんあるので、リアルの時間を楽しむようにし、バランスのよい生活を心がける。

(DO NOT)

□ 友人や家族のことでも、個人情報や写真、動画を勝手に投稿してはいけない。

□ 友だちやSNS上の友人・知人などに頼まれたり、脅かされたりしたとしても、決して裸や下着姿などの写真を撮影し、送信してはいけない。たとえ相手に悪意がなくても、相手を犯罪者にしてしまうことにもなる。要求されたときには、すぐに保護者や教師に相談すること。

□ ネットで親しくなった友だちに、安易に実名や住んでいる場所、学校名など個人情報などを教えない。

□ ネットで仲良くなった人と決して直接会わない。会う必要が生じたときは、必ず親など身近な大人に相談して対応をする。

□ 知らない人からのメールやメッセージは開かない、返信しない。また添付や送信されたファイルは決して開かない。

□ たとえ冗談であっても友だちを馬鹿にしたり傷つけるような言葉を送信・投稿しない。自分が書かれたら嫌なこと、困るようなことは送信・投稿しない。

□ ライブ映像、漫画キャラクターなど他人が創作したものを勝手に SNS などにアップしない。
□ SNS グループでの仲間外れなど、いじめ行為をしない。

[参考文献・参考図書]

・『情報モラル教育　知っておきたい子どものネットコミュニケーションとトラブル予防』（著者：西野泰代、原田恵理子、若本純子　発行：金子書房）

・『スマホに振り回される子　スマホを使いこなす子』（企画・編集：一般社団法人　子ども未来応援団　著者：五十嵐悠紀　発行：㈱ジアース教育新社）

・『脳内麻薬　人間を支配する快楽物質ドーパミンの正体』（著者：中野信子　発行：幻冬舎）

・『本当に危ないスマホの話』（監修：遠藤美季　発行：金の星社）

・『情報処理』（2021 年 2 月号　一般社団法人　情報処理学会）

・『情報モラル教育　実践ガイダンス』（国立教育政策研究所）

・「いじめへの対応のヒント」「学校におけるいじめ問題に関する基本的認識と取組のポイント」（文部科学省）

・『情報通信白書』（総務省）

・文部科学省、総務省、消費者庁、国民生活センター、都道府県教育委員会各 Web サイト

資料編

❶ 相談先＆お役立ちサービス案内

1．消費者としてのトラブル全般の相談

・最寄りの消費生活センター

運営　市町村や都道府県

電話　消費者ホットライン 188

http://www.kokusen.go.jp/map/

「全国の消費者生活センター等」（国民生活センター）

・越境消費者相談センター

運営　国民生活センター

（海外の事業者との間での取引トラブルの相談窓口）

https://www.ccj.kokusen.go.jp/sdn_process

2．法律全般に関する相談

・都道府県や市町村等の役所で開設する法律相談

運営　市町村や都道府県

※ Web サイト等で開設状況や料金の有無を要確認

・弁護士会の「法律相談」

運営　日本弁護士連合会（日弁連）

電話　0570-783-110（相談予約）

https://www.nichibenren.or.jp/legal_advice/

・法テラス

　　運営　日本司法支援センター

　　電話　0570-078374

　　https://www.houterasu.or.jp

3．個人情報の取扱いに関する相談

・個人情報保護ダイヤル

　　運営　個人情報保護委員会

　　電話　03-6457-9849

　　https://www.ppc.go.jp/personalinfo/pipldial/

・プライバシーマーク推進センター

　　運営　一般財団法人日本情報経済社会推進協会

　　電話　0120-116-213、0120-700-779

　　https://privacymark.jp/project/office/contact.html

　　※プライバシーマークが付与されている事業者に関わる相談のみ

4．マイナンバー（個人番号）の取扱いに関する相談

・マイナンバー苦情あっせん相談窓口

　　運営　個人情報保護委員会

　　電話　03-6457-9585

　　https://www.ppc.go.jp/legal/complaints/

・マイナンバー総合フリーダイヤル

　　運営　内閣府

　　電話　0120-95-0178

https://www.kojinbango-card.go.jp/otoiawase/
※マイナンバーの法律や制度に関するお問い合わせ

5．サイバー犯罪などインターネットに関する相談

・各都道府県警察本部のサイバー犯罪相談窓口

運営　各都道府県警察本部

http://www.npa.go.jp/cyber/soudan.htm

6．迷惑メールに関する相談

・迷惑メール相談センター

運営　一般財団法人日本データ通信協会

電話　03-5974-0068

https://www.dekyo.or.jp/soudan/

7．子どもが悩みを相談できる機関

・特定非営利活動法人 チャイルドライン支援センター

電話相談　0120-99-7777　https://childline.or.jp/chat

※18歳までの児童が電話（16時から21時）やチャットで相談できる

・24時間子供SOSダイヤル

運営　文部科学省

電話相談　0120-0-78310

※24時間365日対応

- ・子どもの人権110番

  運営　法務省

  電話相談　0120-007-110

  ※平日午前8時30分から午後5時15分まで

8．性犯罪被害（リベンジポルノを含む）に関する相談

- ・警察相談専用電話

  運営　各都道府県警察本部（性犯罪相談電話）

  電話　#8103

  https://www.gov-online.go.jp/useful/article/201309/3.html

- ・セーフライン

  運営　一般社団法人セーファーインターネット協会

  https://www.safe-line.jp/report/

- ・女性の人権ホットライン

  運営　法務省

  電話　0570-070-810

  ※平日午前8時30分から午後5時15分までインターネットでも相
  談を受付けている。

9．ネット上の誹謗中傷に関する相談

- ・違法・有害情報相談センター

  運営　総務省

  https://ihaho.jp

  ※サイトで利用登録後、電話相談可能

・みんなの人権110番

　運営　法務省

　0570-003-110

　平日8時30分〜17時15分

・インターネット人権相談受付窓口

　運営　法務省

　https://www.jinken.go.jp/

・警察本部のサイバー犯罪相談窓口

　運営　各都道府県警察

　http://www.npa.go.jp/cyber/soudan.htm

10. 電気通信サービス（電話やインターネット接続等）に関する相談

・電気通信消費者相談センター

　運営　総務省

　https://www.soumu.go.jp/main_sosiki/joho_tsusin/top/madoguchi/
　tushin/madoguchi.html

　電話　03-5253-5900　（各地の総務省総合通信局でも可能）

・TCA相談窓口

　運営　電気通信事業者協会

　電話　03-4555-4124

　https://www.tca.or.jp/consult/

　※電気通信事業者協会の会員事業者が提供するサービスのみ

11. ウイルスやマルウエア、不正アクセスなどセキュリティに関する相談

・情報セキュリティ安心相談窓口

運営　情報処理推進機構（IPA）

電話　03-5978-7509

https://www.ipa.go.jp/security/anshin/

12. 暗号資産（仮想通貨）に関する相談

・金融サービス利用者相談室

運営　金融庁

電話　0570-016-811

https://www.fsa.go.jp/receipt/soudansitu/

13. ゲーム（ソーシャルゲーム）に関する相談

（1）ゲーム依存の相談

・全国の精神保健福祉センター一覧

https://www.mhlw.go.jp/kokoro/support/mhcenter.html

・依存症専門相談窓口と医療機関の検索

運営　依存症対策全国センター

https://www.ncasa-japan.jp/you-do/treatment/treatment-map/

（2）ゲームの不正アクセスについての相談

IPA の情報セキュリティ安心相談窓口、または各都道府県警察本部のサイバー犯罪相談窓口へ相談する

② 関係法令

1．電気通信事業法

1984年に制定されました。

現代社会において、ICTは、国民生活に必要不可欠な基盤になりました。電話やインターネット等の電気通信サービスは公共性の高い産業といえます。

電気通信事業法は、事業者に電気通信事業を適正に運営させ、電気通信サービスが円滑に提供されるようにするための法律です。契約前の説明義務や契約後の書面交付、初期契約解除制度といった消費者を保護するためのルールも定められています。

2．携帯電話不正利用防止法

正式な法律名は、「携帯音声通信事業者による契約者等の本人確認等及び携帯音声通信役務の不正な利用の防止に関する法律」で、2005年に制定されました。

いわゆる振り込め詐欺などで携帯電話を不正に利用されることを防止するために定められた法律です。携帯電話契約をするときに本人確認を義務付け、また、携帯電話を電話会社に無断で譲渡することを禁止しています。携帯電話の購入時に、ウソの名前や住所を申告したり、自分の名義の携帯電話を、携帯電話事業者に無断で他人に売り渡したりすると処罰の対象になります。SIMカードも同様に扱われます。

3．リベンジポルノ防止法

正式な法律名は、「私事性的画像記録の提供等による被害の防止に関

する法律」で、2014 年に制定されました。

　性交・それに類似する行為、他人が人の性器等を触る行為、衣服を着けない状態で人の性的な部位が露出・強調されている画像などで、殊更に人の性欲を興奮させ刺激するもの（私事性的画像記録といいます。）等によって、個人の名誉や私生活の平穏が侵害されるといった被害やその拡大を防ぐために作られた法律です。

　電気通信回線を通じて私事性的画像記録を不特定又は多数の者に提供した者について徴役や罰金などの罰則が設けられています。

※「プロバイダ責任制限法」の特例として定められました。

4．青少年インターネット環境整備法

　正式な法律名は、「青少年が安全に安心してインターネットを利用できる環境の整備等に関する法律」で、2008 年に制定されました。

　青少年が携帯電話等を利用するとき、違法や有害な情報と接触しないようにするためにはフィルタリングを設定することが大切です。

　2018 年に法律の改正が行われ、青少年の安心・安全なインターネット環境を確保するため、携帯電話インターネット接続役務提供事業者と契約代理店に、契約締結時の青少年確認義務やフィルタリングの説明義務、フィルタリングの設定等の義務を課しています。

5．プロバイダ責任制限法

　正式な法律名は、「特定電気通信役務提供者の損害賠償責任の制限及び発信者情報の開示に関する法律」で、2001 年に制定されました。

　インターネット上で、プライバシー侵害や名誉毀損といった自分の権利を侵害するような情報が公開された場合、被害者救済と発信者の表現の自由という権利・利益のバランスに配慮しつつ、自主的な対応を促進

するための法律です。

　権利侵害を受けた人はサイトの管理者等にその情報の削除依頼をすることとされていましたが、2021年4月の改正で、直接、裁判所に適否を申し立てることができるようになりました。削除依頼の方法が分からない場合は、「違法・有害情報相談センター」で相談を受け付けています。

６．個人情報の保護に関する法律（個人情報保護法）

　2003年に制定されました。

　名前や住所、性別、生年月日、顔の写真のように特定の個人を識別する情報等で、「その人」が誰なのかが分かる情報のことを「個人情報」といいます。

　個人情報保護法は、個人情報の有用性に配慮しつつ、個人の権利利益を保護することを目的としています。国や地方公共団体の責務や施策を定めた部分と、個人情報取扱事業者に対する個人情報の適正な取り扱いのルールを定めた部分で構成されています。

　デジタル庁創設にともない、大幅な改正が検討されています。

※主に小学生を対象とした「子どものための個人情報保護法ハンドブック」が公開されています。

　https://www.ppc.go.jp/news/kids/

７．著作権法

　1970年に制定されました。

　著作権とは、作品を作った人が持つ権利で、自分の作品を勝手に人に使われない権利のことをいいます。著作権法とは、著作物などに関する著作者の権利及びこれに隣接する権利を定め、これらの文化的所産の公

正な利用に留意しつつ著作者等の権利の保護を図るための権利です。この法律では、「著作物」とは、「思想又は感情」を「創作的」に表現したもので、「文芸、学術、美術又は音楽の範囲に属するもの」とされています。具体的には，小説、音楽、美術、映画、コンピュータプログラム等が挙げられます（新聞、雑誌、百科事典等が該当する場合もあります。）。たとえば、マンガやテレビのキャラクターを模写すること自体は悪いことではありませんが、それを不特定多数の人に配布するためには、著作者の許諾が必要です。ただし、アイデアはそれが具体的に表現されていないと著作物にはなりません。

8．特定商取引に関する法律（特定商取引法）

1976 年に制定されました。

事業者による違法・悪質な勧誘行為等を防止し、消費者の利益を守ることを目的とする法律で、具体的には、訪問販売、通信販売、電話勧誘販売、連鎖販売取引、特定継続的役務提供、業務提供誘引販売取引、訪問購入といった消費者トラブルが生じやすい 7 つの取引類型を対象にしています。

事業者が守るべきルールとクーリング・オフ等の消費者を守るルール等を定めています。

消費者向けに、「特定商取引法ガイド」が消費者庁の Web サイトで公開されています。

※特定商取引法ガイド

https://www.no-trouble.caa.go.jp/law/

9．不当景品類及び不当表示防止法（景品表示法）

1962 年に制定されました。

事業者が商品やサービスの品質、内容、価格等を偽って表示すると、消費者は合理的な判断で良質廉価な商品やサービスを自由に選択することができなくなります。そこで、誤認されるおそれがある虚偽・誇大な表示を禁止し、過大な景品付き販売を行うことを規制しています。

消費者庁（条文は内閣総理大臣）は、行為を差し止めるための措置命令を出すことができます。課徴金制度も導入されています。

10．消費者契約法

2000 年に制定されました。

消費者契約法は、消費者と事業者の情報の質及び量並びに交渉力などの格差を是正し消費者の利益を守ることを目的とした法律です。消費者と事業者の間で結ばれたすべての消費者契約（労働契約は除外）に適用されます。

主な規定は以下のとおりです。

① 消費者が誤認し、又は困惑して契約を締結した場合は、その契約を取り消すことができる。

② 事業者の損害賠償の責任を免除する条項や消費者の権利を制限する不当条項などの全部又は一部を無効とする。

③ 不当な勧誘や不当な契約条項について差止請求権を与える適格消費者団体の認定規定。

※適格消費者団体は、全国に 21 団体があります。適格消費者団体では、不当な勧誘や契約条項の情報提供を受け付けています。

11. 民法

1896 年に制定されました。

民法は、総則、物権、債権、親族、相続の5編で構成されています。契約の基本ルールを定めているのが債権です。人（個人、法人）と人が契約を結んだときにどのような権利を有し、義務を負うかを定めています。2017 年に債権に関わる分野の大幅な改正が行われ、2020 年4月から施行されています。消滅時効が5年に統一されることや損害賠償請求権の消滅時効などの改正や定型約款、賃貸借契約の原状回復規定などが新設されました。

また、成年年齢を 18 歳に引き下げることも決まっており、2022 年4月より施行されます。

③ 用語集

通番	用語	解説
1	アカウント	インターネットのサービスやアプリ、端末そのものにログインするための権限のことです。アカウントが正規なものであることを示すために ID とパスワードをセットで認証します。
2	アップグレード	インストールされたソフトウェアなどを古いバージョンから新しいバージョンに更新することです。
3	アップロード	自分のパソコンなどにあるファイルをネットワーク経由でサーバや SNS サイトなどに送信し、保管することです。SNS などでは投稿ともいいます。
4	アプリ	アプリケーション（application software）の略。もとはコンピュータ上で様々の用途に使うためのプログラム（ソフトウェア）全般を指していました。スマートフォンやタブレット端末などで使われるソフトウェアを指すために多く使われています。
5	アンインストール	インストールされたソフトウェアを削除すること。プログラムは取り除くが登録したユーザー（利用者）情報などのデータが残る場合もあります。
6	暗号化	情報を無関係な他人に読み取れなくするために一定の法則に従って文字列や記号を他の符号に変換すること。ブラウザでの閲覧時、暗号化されているサイトにアクセスした場合には、URL の表示部に鍵マー

		クが表示され暗号化されていることを示しています。
7	暗 号 資 産 (仮想通貨)	ビットコインに代表される暗号資産は、円やドルなどの法定通貨（国家の信用のもとに流通する貨幣）ではありません。紙幣や硬貨のような実態がなく、電子データのみでやりとりされます。世界中の利用者や参加者が相互に管理と監視を行い運営しており、銀行などを経由せずに暗号化されたデータで取引をします。このしくみを使うと、海外との取引や送金手数料が、銀行等を通じて行う場合に比べて著しく安価かつスピーディーに行うことができる利点があります。価格変動が大きいため投機目的で売買をする人もいて、大きな損失を被る事例もあります。
8	eスポーツ	エレクトロニック・スポーツ（electronic sports）の略。コンピュータゲームやビデオゲームで対戦する競技を指す最も新しいスポーツの一つで、オリンピックや国体の新しい競技として検討されています。
9	インストール	パソコンやスマホなどに、プログラム（ソフトウェア）やアプリを導入し、使用できるようにすることです。
10	ウイルス	不正なプログラム（マルウェア）の一種で、コンピュータがこれに感染すると、情報を盗まれたり、他のコンピュータを攻撃したり、コンピュータに被害をもたらします。風邪のウイルスと同じように、

		さまざまな感染経路からウイルスがコンピュータに入り込み被害をもたらすとともに、他の機器に感染することからコンピュータウイルスと呼ばれます。
11	ウェビナー	Web（ウェブ）と Seminar（セミナー）を組み合わせた造語。ウェブセミナー又はオンラインセミナーとも言われ、インターネット上で行われるセミナーのことです。
12	ウェブ会議	インターネットを通じて遠隔地同士で映像や音声のやりとり、資料の共有などを行うこと。1対1でのミーティングや複数人での会議が可能です。働き方改革や新型コロナウイルスの感染防止のためのリモートワークや、在宅で授業を行うことにも利用され、注目を集めました。一般的には、Zoom、Webex、Google Meet、Teams などのツールが利用されています。
13	オンラインゲーム	ネットワーク上で利用できるゲームで、多くの場合複数の人が同時に参加し、協力しながらプレイすることができます。通常はダウンロードも含め「無料」でプレイすることが可能ですが、ゲーム内のアイテムを有料で提供するのが一般的です。またネットワークを使ったゲームという意味で、ネトゲと略されることもあります。
14	カスタマイズ	プログラム（ソフトウェア）を、初期の設定から変更して利用者の好みやニーズに合わせて設定を変更することを指します。

15	キャリア	運び手を意味する英単語（carrier）から由来し、（固定）電話や携帯電話の回線サービスを提供する電気通信事業者を指します。現在は、特に携帯電話などの回線施設を持ち、サービスを提供している大手の事業者（NTT ドコモ、au、ソフトバンクモバイル、楽天モバイル）を指すために多く使われています。
16	クチコミ	レビューとも言われ、サービス業や医業などの利用者による評判や通販サイトなどでの購入者による商品や店に対する評価やコメントを言います。
17	クッキー	閲覧した Web サイトなどから端末にサイトを訪れた日時や回数などが記録された情報。ユーザーの識別などに使われ、ログインしたサイトを再訪した場合には、スムーズにサイトの利用が可能になるなどのメリットがあります。ただし個人のネット上での動向が情報化されることから、プライバシー保護の観点からクッキーの在り方やその規制強化なども議論されています。
18	クラウド	インターネット上でサービスを提供すること。ユーザーは自身でサービスを利用するための専用の設備を所有する必要がなく、必要な時にインターネットのサービスにアクセスして利用するしくみです。インターネット上にファイルを保存するストレージサービスなどが代表的ですが、インターネット網が空に広がる雲に見立て、そこで提供されるサービス

		であることからクラウドと呼ばれています。
19	コンテンツ	中身を意味する英単語（contents）から由来し、具体的な情報そのものを意味します。プレゼンテーションのファイルや、テキストや音声、映像、ソフトウェアなど情報として提供されたり、利用されたりするもの全般を指します。
20	サイバー攻撃	不正アクセスやマルウェアなどで他人の情報を搾取、改ざん、コンピュータの機能停止等を目的とした行動をすることを言います。その主体は、国家、集団などの大規模なものだけでなく、小集団や個人でも行われます。国家間で行われるサイバー戦争、テロリストによって行われる場合はサイバーテロと呼ばれ、大規模な攻撃が成功した場合には、経済や生活上のインフラが止まり、大きなダメージを受けることから、各国はその対策を重視しています。
21	十分性認定	GDPR（45 参照）には、原則として EU 市民の個人データを EU 域外の事業者に提供することはできませんが、当該国の法令や制度において EU が十分なデータ保護の水準をもつと認めた国には提供できるものとされています。この認定を「十分性認定」といい、日本は、2019 年 1 月に認定を受けています。
22	セキュリティインシデント	マルウェアの感染や不正アクセスを受けるなど、情報の流出、サイトの改ざんなど、大規模なセキュリティ上の事故のきっかけとなる事象（インシデント）を指します。

23	ゼロトラストネットワーク	これまでのセキュリティ対策は外部からの攻撃を防ぐことで自身のネットワーク全体のセキュリティを確保していました。技術が高度に進化した現在では、安全性を確保することが困難になったことから、すべてのネットワークアクセスを信頼せず、完全に安全な環境はないという考え方に基づいたネットワークです。ネットワークを利用している端末やユーザー（利用者）の動向について、適格な認証とその権限の確認をし、またそれらをログとして記録することでセキュリティを維持しつつ、インシデントが発生した場合にすみやかに対象の機器の特定や対応を可能とすることをコンセプトとします。
24	ソーシャルゲーム	インターネットを利用するゲームにおいて、SNSの機能をもったもの。複数のプレイヤーでコミュニケーションしながらゲームを進めたり、ゲーム上でユーザー同士のコミュニケーションすることが可能です。
25	ダークウェブ	アクセスするためには、特定のソフトウェアや特別な設定が必要とされるインターネット上の領域です。通常では閲覧できない領域であることから違法薬物の取引や犯罪に係るさまざまな情報だけでなく、個人情報のリストなどが提供されており、これらの情報がサイバー攻撃などに使われます。
26	ターゲティング広告	インターネット上の行動履歴（関連ページの閲覧、広告のクリック、検索のキーワードなど）を取得、

		保管、分析することで、その顧客の興味や関心が予測される商品の広告情報を提供します。対象者をターゲットとして絞ることからこの名称で呼ばれます。
27	ダウンロード	インターネット上にあるソフトウェアや画像などのコンテンツファイルを自分の端末に転送、保管すること。DLなどと略す場合もあります。
28	多要素認証	ウェブサービスのアカウント乗っ取りを防ぐための追加の認証方法です。ログインなどの際に認証に用いる要素には、IDとパスワードなどの「本人しか知らない情報」の他に、ICカードなどの「本人が持っているもの」、指紋や虹彩などの「本人自身の一部」などの組み合わせがあり、2つの要素を組み合わせた認証を二要素認証、それ以上に行うものを多要素認証といいます。
29	動画投稿サイト	動画共有サービスとも言われます。ユーザーがインターネット上に自身が制作した動画（映像）を投稿し、他のユーザーと共有するサイトのことです。視聴は原則無料で、ストリーミング方式で再生・視聴されます。2005年に登場したYouTubeが動画投稿サイトの先駆的存在で、他にニコニコ動画、TikTokなどがあり、テレビの視聴習慣を脅かす存在ともいわれています。
30	2段階認証	ログインなどの際にIDとパスワードの認証の他に、メールやSMSなどで送られてくるコードを入

		力するというように、認証を2回に分けて行う手続きのことです。
31	ビデオ通話	テレビ電話とも言われ、相手の顔を見ながら会話ができる通話機能のことです。カメラとマイク、スピーカーを内蔵したスマホの普及で急速に広まりました。フェイスタイムやLINEビデオ通話などがあります。音声に映像がつくことでデータ通信量がかなり大きくなるので多用すると通信料金が高額になったり、データ通信量の制限をオーバーしたりするので注意が必要です。
32	フィッシング	フィッシング（Phishing）とは、電子メールやSMS、メッセンジャーアプリなどを使い、個人情報（氏名、ユーザー名、パスワード、ID、ATMの暗証番号、クレジットカード番号等）を特定のサイト等に入力させることでユーザーからだまし取る詐欺的行為のことです。特に業務上の関係組織から送られてきたと見せかけた電子メール等のリンクから偽サイト（フィッシングサイト）に誘導し、そこで個人情報を入力させる手口が一般的です。
33	フィルタリング（あんしんフィルター）	子どもが違法や有害なサイトを閲覧できないように、制限するしくみのことを指します。ホワイトリスト方式（子どもにとって安全で有益と思われる一定の基準を満たしたサイトのみアクセス可能）とブラックリスト（特定分類制限）方式（サイトを複数の分類に分けた上で、その分類単位で制限をする方

		式）とがあります。青少年インターネット環境整備法では青少年が利用する携帯電話を契約する場合には、携帯電話会社はフィルタリングを提供しなければならないとされており、各社「あんしんフィルター」と共通の名称でその認知と利用の普及を図っています。
34	不正アクセス	本来権限を持たない者が、サーバや情報システムに不正に侵入することです。不正アクセス禁止法では、不正アクセス行為だけでなく、不正アクセスを助長する行為もあわせて禁じられています。
35	プライバシーポリシー	個人情報保護方針とも言い、個人情報の取り扱い方などを収集した主体が定めた規範のことです。ユーザーから集める情報、利用目的、管理方法、利用する場合の範囲や条件、第三者への提供などが決められます。またインターネット上のサービスやアプリなどの利用規約の一部として記載されることもあります。
36	ブラウザ	インターネット上のウェブページを閲覧するためのソフトウェアのこと。パソコンやスマホ、タブレットには標準で搭載されており、テキストだけでなく画像、動画、音声などを視聴閲覧することができます。
37	ペアレンタルコントロール	子どもによる機器や機器上で動作するソフトウェアの利用、インターネット上での有害なアプリやコンテンツの購入や利用などを子どもの状況（リテラ

		シー）に応じて、保護者が子どもの利用できるレベルを設定することです。またはそれを可能にする機能を指します。
38	マルウェア	悪意（malicious）のあるソフトウェア（software）を意味する英単語から由来し、不正・有害な動作をさせる意図で作成されたソフトウェアなどを総称したものです。マルウェアのなかには、ウイルスやワーム、スパイウェア、などが含まれ、さまざまな手法を用いて情報機器に感染し、情報の破壊、搾取、遠隔操作などを実現します。マルウェアにより所有者が知らない間に自身の機器を踏み台（通信の中継点とされてしまうこと）とされ、他者へのサイバー攻撃に利用されてしまうこともあります。
39	ランサムウェア	身代金を意味する英単語（ransom）から由来するマルウェアの一種です。コンピュータに感染すると、コンピュータをロックしたり、ファイルを暗号化したりすることで、身代金（ransom）を要求します。身代金を払うことでまれに解除されることもありますが、必ず解除されるわけではないので、被害を防ぐためには、日頃から外部記憶装置などにバックアップをとり、機器を初期化したのち、復元できるようにしておくことが必要です。
40	リーチサイト	特定の種類の情報にアクセスしやすくリンクをまとめたサイトのことです。特に著作権を侵害するようなコンテンツ（漫画や雑誌、音楽、映像などの海賊

		版）を複製又は視聴できるリンクをまとめたサイト（アプリ）が犯罪を助長しているため、そのようなサイトは規制の対象となっています。サイト自体にはコンテンツはアップされておらず、リンクをクリック（タップ）することでコンテンツを視聴、DL（ダウンロード）できます。
41	レーティング	おもちゃなどに対象年齢があるように、ゲームやアプリ、サイトの内容により目安として設定される対象年齢（水準）のこと。スマホのアプリの場合、4＋と書かれている場合、4歳以上が利用基準という意味です。
42	ADSL	Asymmetric Digital Subscriber Line（非対称デジタル加入者線）の略で、従来のアナログ電話回線（メタルケーブル）を用いて高速のインターネット通信を行う技術のことです。上りと下りの通信速度が異なる特徴があります。IP電話の普及とともにサービスを終了する事業者が多くなっています。
43	ASP	アプリケーションサービスプロバイダと言います。アプリケーションソフト（アプリ）などをインターネット上で利用できるサービスを提供し、運営、保守、セキュリティなどを担う事業者です。
44	FTTH	Fiber To The Home の略。「光ファイバーを家まで引く」という意味の通り、光ファイバー（ガラス繊維の束）を利用した家庭向けの通信手段のことで、一般には光回線と呼ばれます。光ファイバーの中を

		光信号が高速で届くため、環境を問わず高速通信ができます。光回線を使ったサービスには、インターネット、テレビ、IP 電話などがあります。
45	GDPR	General Data Protection Regulation の略で、EU 一般データ保護規則と言われる個人データの保護やその取扱いについて詳細に決められた EU の法令です。EU 域内の各国に適用されますが、日本国内で EU 市民の個人情報を扱う場合には日本の事業者にも適用され、現地法人に巨額の罰金を科す場合があります。
46	GPS	Global Positioning System の略で、「全地球測位システム」と訳されます。人工衛星からの電波で測り地球上の位置を特定するシステムです。ほぼすべてのスマホにはこの機能が搭載されており、地図アプリで目的地までのナビゲーションや、紛失したスマホの位置を特定することが可能です。またこの位置情報を使い、街中で移動しながら楽しむゲーム（たとえば「ポケモン GO」など）なども開発されています。一方で写真や動画に撮影場所を正確に付けることができるため、SNS に投稿した写真から自宅の住所などが特定されるトラブルが起きる可能性もあります。
47	ID	機器やサービスを利用するために本人を確認する識別する数字や記号であり、名前のようなものです。メールアドレスを ID として使う場合もあります。

48	ISP	インターネットサービスプロバイダと言い、インターネットに接続するための窓口になる電気通信事業者です。インターネットを利用するためには回線業者だけではなくプロバイダと呼ばれる接続業者と契約する必要があります。
49	OS	Operating System（オペレーティング・システム）の略称、機器を操作するための基本ソフトウェアのことです。代表的なものとしてパソコンに搭載されている「Windows」や「Mac OS」、携帯電話に搭載されている「Android」や「iOS」などがあります。
50	RPA	Robotic Process Automation（ロボティックプロセスオートメーション）の略。コンピュータ上で行われる業務プロセスや作業を人に代わり自動化する技術です。クリックやキーボード入力などの定常的な業務を自動化できることから、仮想知的労働者と呼ばれます。
51	SaaS、 IaaS、 MaaS	SaaS は Software as a Service の略。ユーザーの端末にソフトウェアをインストールせず、運営事業者はインターネットなどのネットワーク上でソフトウェアを動かし、ユーザーはネットワーク上でソフトウェアを利用するサービス形態です。IaaS は Infrastructure as a Service の略で、情報システムの稼働に必要なサーバや情報記憶媒体（ハードディスクなど）の基本的な機材類をインターネット上の

		サービス（service）として提供するしくみのことです。MaaS は Mobility as a Service の略で、特定の行動に係る移動手段やサービス利用のための手続き、支払い等を1つのサービスに統合してシームレスに提供するサービスの概念です。
52	SMS	Short Message Service（ショートメッセージサービス）の略。携帯電話同士で電話番号を宛先にして短い文字メッセージを送受信するしくみやサービスのことです。
53	SNS	Social Networking Service（ソーシャルネットワーキングサービス）の略。一般的に、サービスに登録した利用者同士の交流を促す会員制の Web サービスのこと。代表的な SNS として Facebook や Twitter、LINE、Instagram などが日本では多く利用されています。
54	Society5.0	2016 年に閣議決定され、政府が策定した「第5期科学技術基本計画」の中で、架空空間（サイバー空間）と現実空間（フィジカル空間）を高度に融合させた創造社会（超スマート社会）の実現を目指した言葉。狩猟社会（Society1.0）→農耕社会（Society2.0）→工業社会（Society3.0）→情報社会（Society4.0）→創造社会（Society5.0）とされ、5G などの最新の情報技術を活用することで、現在の社会問題の解決やより創造性の高い社会の構築を目指しています。

| 55 | VR | Virtual Reality の略で、日本語では「人工現実感」あるいは「仮想現実」と訳されます。人間が物理的に存在する場所・時間以外の状況を、工学的手段を用いて等価的に実現することです。VR ゴーグル（HMD）を装着すると限りなく現実に近い世界にいるような感覚が得られ、自分のアバターを映像内に反映できる VR コンテンツも提供されるようになってきています。音楽ライブ、学会、教育、医療機関、観光などさまざまなな分野に VR の利用が広がっています。 |

≪執筆者一覧≫

【編著】

原　　　早苗（内閣府消費者委員会元事務局長、第4期消費者教育推進会議委員）

坂本かよみ（元東京都職員、元日本司法支援センター（法テラス）理事、
　　　　　　消費生活専門相談員）

【著者】

公益社団法人　日本消費生活アドバイザー・コンサルタント・相談員協会（NACS）
ICT 委員会

金藤　博子（委員長）

木村　嘉子（副委員長）

宇野　真子

笠原　由美子

村上　博子

山樹　文子

和知　雅樹

ネット・SNSの危険から子どもを守れ！
── 教師・親のための早わかりbook ──

令和3年7月15日　第1刷発行

編　　著　　原早苗・坂本かよみ

著　　者　　公益社団法人　日本消費生活アドバイザー・
　　　　　　コンサルタント・相談員協会(NACS)ICT委員会

発　　行　　株式会社 ぎょうせい

　　　　　　〒136-8575　東京都江東区新木場1-18-11
　　　　　　URL：https://gyosei.jp

　　　　　　フリーコール　0120-953-431
　　　　　　ぎょうせい　お問い合わせ　検索　https://gyosei.jp/inquiry/

〈検印省略〉

印刷　ぎょうせいデジタル株式会社　　　　　　　　©2021　Printed in Japan
※乱丁・落丁本はお取り替えいたします。
ISBN978-4-324-11009-6
(5108722-00-000)
〔略号：子どもSNS〕